Jüdisches Budapest
Jewish Budapest

Von Julia Kaldori
Einleitung von György Dalos

By Julia Kaldori
Introduction by György Dalos

Mandelbaum Verlag Wien

„Családomnak örök szeretettel"
„Meiner Familie in ewiger Liebe"
"To my family in eternal love"

ISBN 3-85476-111-2

Übersetzung: Lisa Rosenblatt
Lay-out, Lektorat: Martin Gastl, Thomas Geldmacher
Englisches Lektorat: Nita Tandon
Umschlaggestaltung: Michael Baiculescu
Druck: Interpress, Budapest

Inhalt

8
György Dalos:
Die Hauptstadt meiner Kindheit

20
Die Budapester Juden

44
Der siebte Bezirk

110
Andrássy út

130
In und um Józsefváros

146
Die Außenbezirke

160
Új-Lipótváros

176
Herminamezö

186
Buda

200
Óbuda

210
Jüdisches Leben in Budapest

234
Namensregister

237
Bildnachweis

Contents

9
György Dalos:
The Capital of My Childhood

21
The Jews of Budapest

44
The Seventh District

110
Andrássy út

130
In and around Józsefváros

146
The Outer Districts

160
Új-Lipótváros

176
Herminamezö

186
Buda

200
Óbuda

211
Jewish Life in Budapest

234
Index of Names

237
Picture Credits

Prolegomenon

Im vorliegenden Buch berichten wir von der großen und bewegten Geschichte der Budapester Juden. Unsichtbares dabei sichtbar zu machen und stummen Zeugen wieder Worte zu verleihen: Das wollten wir, um Ihnen, geneigte Leserin, geschätzter Leser, die Vergangenheit der jüdischen Gemeinde von Budapest so lebendig und ihre Gegenwart so verständlich wie möglich zu machen. Die Geschichte der Juden von Budapest ist in all ihrer Tragik und Herrlichkeit beispielhaft für das wechselhafte Schicksal fast aller jüdischen Gemeinden Europas. Die Autoren dieses Buches legen deshalb besonderen Wert auf die Feststellung, dass sie aufgrund der Komplexität des Themas keinen Wert auf Vollständigkeit erheben können oder wollen.

Prologue

In this book, we relate the profoundly moving history of the Jews of Budapest. For you, well-inclined and valued reader, we aim to make the invisible visible and to give a voice to silent witnesses, to make the history of the Jewish community of Budapest come alive, and to paint a vivid picture of the present. With all of its tragedy and magnificence, the history of the Jews of Budapest is exemplary for the alternating fate of nearly every Jewish community in Europe. The authors of this book therefore consider it especially important to state that, due to the complexity of the theme, they did not intend and cannot claim an exhaustive treatment of the topic.

Die Hauptstadt meiner Kindheit
György Dalos

„Gott mit dir, du Budapest, du süßes! Unser süßes Leben, Gott mit dir", besang man den Untergang des „Paris des Ostens" im klassischen Musical *Drei Nächte einer Liebe* mit den Worten des Lyrikers István Vas. Dabei handelte es sich um die Metropole, deren Brücken in die Donau stürzten und deren Bewohner Monate der Todesangst bereits hinter sich hatten.

Zu seligen Friedenszeiten zählte man hier rund ein Viertel der Bevölkerung zur jüdischen Konfession, unabhängig davon, ob diese fleißige Besucher der Synagoge waren oder doch überzeugte Atheisten.

Mithilfe der aufeinander folgenden Rassengesetze der Dreißigerjahre wurden sie klaglos aus der „normalen" Gesellschaft ausgeschlossen. Die obligatorischen Davidsterne und die Ghettos der deutschen Besatzer machten diesen Ausschluss nur noch transparenter. Anders als die Juden der ungarischen Provinz, die in kürzester Zeit deportiert und vernichtet wurden, konnten die Juden in Budapest – durch schicksalhafte Fügungen – überleben. Diese Überlebenden konnten den jüdischen Charakter der Stadt bewahren.

Ich gehöre zu dieser Generation der Überlebenden und lernte diese meine Stadt bis zu meinem zwölften Lebensjahr über die Kinderheime der World Jewish Organization und die Knabenwaisenhäuser kennen. Zunächst ein Knabeninternat der Israelitischen Gemeinde im sechsten Bezirk, auf der Gorkij-Allee, früher nach der holländischen Königin Wilhelmine benannt. Auf dieses schöne Internatsgebäude hatte der Staatssicherheitsdienst AVH – in der Bevölkerung häufig als jüdisch beschimpft – ein Auge geworfen. Als Ersatz boten die Geheimpolizisten ein reichlich heruntergekommenes Mietshaus in Alt-Buda an. Die verzweifelten Verwaltungsratsmitglieder des Internats fragten einen alten Budapester Rabbiner um Rat. Sie wollten einen Brief an Rákosi schreiben und an seine Herkunft appellieren: Er solle nicht zulassen, dass seine halbwüchsigen Glaubensgenossen ihres Heims beraubt würden. Der Rabbi war von dieser Idee überhaupt nicht begeistert: „Reicht es euch nicht, dass er einer von uns ist? Sollen wir ihn auch noch daran erinnern?"

The Capital of my Childhood
György Dalos

"God be with you, Budapest, our beloved! Our sweet life, God be with you." In the classical musical *Three Nights of a Love*, they sang the downfall of the "Paris of the East" with the words of the lyricist István Vas. And the city they were singing of is one whose bridges had crashed into the Danube, and whose inhabitants had already known months of mortal terror.

In the blessed times of peace, approximately a quarter of the population had belonged to the Jewish faith; regardless of whether they were frequent visitors to the synagogue or staunch atheists.

In the 1930s, a series of racial laws excluded Jews from "normal" society; and no one dared complain. The German occupiers made this exclusion more visible through the obligatory Star of David and the ghettos. In contrast to the Jews from the Hungarian countryside, who were deported and annihilated in the shortest time possible, the Jews in Budapest were able to survive through various fateful interventions. These survivors managed to preserve the city's Jewish character.

I belong to this generation of survivors. Until I was twelve years old I made my acquaintance with this city, my city, through the children's home of the World Jewish Organization and the boys' orphanages—first I was at a boys' boarding school run by the Jewish Community in the sixth district, on Gorkij Avenue, a street previously named after the Dutch queen Wilhemine. The national security service AVH—often mistaken for a Jewish institution and maligned by the general population—had their eyes on the school's elegant building. As a replacement, the secret police offered a completely dilapidated apartment building in Óbuda. The despairing members of the board of directors of the boarding school asked an older Budapest rabbi for advice. They wanted to write a letter to Rákosi and appeal to his heritage: how could he allow his adolescent countrymen to be robbed of their home? The rabbi was not at all enthusiastic about this idea: "Isn't it enough for you that he is one of us? Do we also have to remind him of it?"

Der politische Spürsinn des Rabbiners erwies sich damals als richtig. Man schrieb Dezember 1952, in Prag lief der Slansky-Prozess, in dessen Anklageschrift es von Namen wie Löbl und Taussig nur so wimmelte. Einen Monat später wurden in Moskau jüdische Ärzte unter dem Verdacht verhaftet, die sowjetischen Führer durch Fehlbehandlung ermorden zu wollen. In Budapest nahm man den Vorsitzenden der Jüdischen Gemeinde und den Chefarzt des Jüdischen Krankenhauses fest, und der „Zionistenprozess“ lag auch hier in der Luft. Dann starb Josef Stalin im März 1953. Zu diesem Zeitpunkt hatten die jüdischen Ärzte in der Sowjetunion ein perfektes Alibi – sie saßen im Gefängnis.

Wir Knaben zogen dann doch aus der schönen Innenstadt nach Óbuda, wo man mich zwischen 1952 und 1955 im Knabenwaisenhaus im Schatten der altehrwürdigen Synagoge von Óbuda, die heute als Lagerräumlichkeit der ungarischen Fernsehanstalt dient, zu erziehen versuchte. Im Hof der Synagoge haben wir nachmittags gespielt, und im Sommer zogen wir Zöglinge als Schar, natürlich barfuß, über die Árpád-Brücke – die damals noch nach Stalin benannt war – auf die Pester Seite zum großen Volksbad.

Später dann, als ich im sechsten Bezirk bei meiner Restfamilie, bestehend aus Mutter und Großmutter, lebte, suchte ich die Orte auf, an denen sich das Leben meiner Familie zum Teil abspielte: das Haus in der Hollán utca, in dem jener jüdische Kulturverein saß, wo mein Vater und meine Mutter einander kennen gelernt haben, die kleine Synagoge in der Csáky utca – heute Hegedüs Gyula utca –, in der sie im Sommer 1942 geheiratet haben. Ich ging auf den Lehel-Markt, wo wir bei einer alten Dame ab und zu Fleisch kaufen konnten – eine Mangelware der Fünfzigerjahre. Die Alte konnte ihren Gewerbeschein behalten, weil ihr Sohn als Widerstandskämpfer gefallen war.

Zu Jom Kippur und Pessach besuchten wir die Bezirkssynagoge auf dem Hunyady tér, obwohl meine Großmutter keine gläubige Frau war. Sie tat dies als Zeichen der Pietät gegenüber ihren Toten. Tote, die mit uns lebten, die Thema unserer Gespräche, unseres Alltags waren.

Einmal war ich sogar mit einem Bekannten der Familie bei einem Konzert im Goldmarksaal, dem Veranstaltungsort der Jüdischen Gemeinde.

The rabbi's intuition for politics proved correct back then. It was December 1952, the Slansky trial was on in Prague and the indictment was teeming with names such as Löbl and Taussig. A month later, Jewish doctors were arrested in Moscow. They were suspected of attempting to murder the Soviet leader by giving him improper medical treatment. In Budapest, the head of the Jewish community and the head doctor of the Jewish hospital were arrested and one could sense the "Zionist trial" in the air here, too. Then Josef Stalin died in March 1953. At this point in time, the Jewish doctors in the Soviet Union had a perfect alibi—they were sitting in prison.

We boys then moved from the beautiful inner city to Óbuda. There, they attempted to raise me from 1952 to 1955 at the boys' orphanage, which stood in the shadow of the venerable Óbuda synagogue. Today the synagogue serves as a warehouse for the Hungarian television corporation. In the afternoon, we played in the synagogue's courtyard and in the summer the students swarmed in a flock, barefoot, of course, over the Árpád bridge—which back then was named after Stalin—to the Pest side, to the big, and not so clean Dagály swimming pool.

Later, when I lived in the sixth district with what was left of my family—my mother and grandmother—I visited some of the places around which my family's life had been centered: The house on Hollán utca, where the cultural organization was located; where my mother and father met, the little synagogue on Csáky utca—today Hegedüs Gyula utca—where they married in summer 1942. I went to the Lehel market, where there was an old lady from whom we were occasionally able to buy meat—a scarcity in the 1950s. The old woman was able to keep her business license because her son had died as a resistance fighter.

Although my grandmother was not a religious woman, we visited the neighborhood synagogue on Hunyady tér on Yom Kippur and Passover. She did it as a sign of respect to her deceased relatives: the dearly departed who lived with us, who were the theme of our conversations, our everyday lives.

Once I even attended a concert with a friend of the family at the Goldmark Hall, the venue for Jewish Community events. Famous singers

Namhafte Sänger trugen Arien aus der *Königin von Saba* vor. Dies war – glaube ich – das einzige Mal, dass ich als Mitglied des verarmten kleinbürgerlichen Judentums so etwas wie ein Überbleibsel der jüdischen Bourgeoisie und Intelligenz von so nahe sehen konnte. Das organisierte Kulturleben der ungefähr hundertzwanzigtausend Menschen zählenden jüdischen Gemeinschaft in Budapest lag nur einige Kilometer von mir entfernt und schien doch in unerreichbarer Weite.

Wir gingen auch zum Haus in der Katona József utca, wo wir im Jahr 1943 Unterschlupf gefunden hatten – zwanzig Menschen in einer Dreizimmerwohnung zusammengepfercht. Das war eines der „Judenhäuser" in der Leopoldstadt, ein Haus unter dem Schutz des schwedischen Königshauses. Dieser Schutz taugte mit der Zeit immer weniger. Ich lernte auch unser anderes „Zuhause" kennen, in der Klauzál utca, mitten im ehemaligen Ghetto, aus dem uns die Einheiten der Roten Armee im Januar 1945 befreit hatten. All dies gehört einer Vergangenheit an, die mit zunehmender zeitlicher Entfernung auf mich immer mehr wie ein Museum wirkt.

Später dann, als die ostwestliche Entspannungspolitik noch in den Kinderschuhen steckte, ließ die Bundesrepublik Deutschland durchblicken: Auch die ungarischen Juden hätten unter Umständen mit Entschädigungszahlungen zu rechnen. Aufgrund fehlender diplomatischer Beziehungen zwischen beiden Ländern schlug 1958 die Jüdische Gemeinde ihren Mitgliedern vor, Schadenersatzanträge zu stellen.

Viele Juden weigerten sich aus moralischen Gründen, die Rechtsnachfolger des Dritten Reiches zur Kasse zu bitten. Meine Mutter und Großmutter füllten jedoch das Formular aus. Es gab gute Gründe dafür. Wir gehörten zu dem Teil der ungarischen Bevölkerung, der sich nicht gerade mit einem hohen Einkommen rühmen konnte. Ein Familienvermögen hatte es schon vor dem Krieg nicht gegeben. So konnten wir, wie ich mich bis heute erinnere, als Schaden nur die Tatsache angeben, dass sämtliche erwachsenen Männer der Familie in verschiedenen Konzentrationslagern ums Leben gekommen waren und dass meine verwitwete Mutter infolge der erlittenen Strapazen krank geworden war und in absehbarer Zeit völlig arbeitsunfähig sein würde. Zehn Jahre nach Ausfüllen des Formulars –

presented arias from *The Queen of Sheba*. As a member of the impoverished, lower middle-class Jewry, I think that was the only time that I was a personal witness to a remnant of the Jewish bourgeoisie and intelligentsia. The organized cultural life of the approximately 120,000-member Jewish Community in Budapest was only a few kilometers away, yet for me it seemed beyond reach.

We also went to the house on Katona József utca, where we had found refuge in 1943—twenty people crowded into a three-room apartment. It was one of the "Jewish houses" in Leopoldstadt, a house under the protection of the Swedish royal house. This protection deteriorated as time went on. I also became acquainted with our other "home," on Klauzál utca, in the midst of the former ghetto, from which we were freed by units of the red army in January 1945. All of this belonged to a past that seemed to be more and more like a museum as time went on.

Later, when the East-West policy of détente was still just getting underway, West Germany hinted that the Hungarian Jews, under certain circumstances, could also count on reparation payments. Due to the lack of diplomatic relations between the two countries, in 1958 the Jewish Community suggested that its members make individual applications for repayment of damages.

For moral reasons, many Jews refused to demand reparations from the legal heirs of the Third Reich. My mother and grandmother, however, filled out the forms. There were good reasons for it. We belonged to that part of the Hungarian population that was not really able to boast of a high income. Even before the war, there was no family fortune. Thus, as far as I remember, all that we could fill in on the forms as damage was the fact that all of the grown men in the family had been killed in concentration camps and that my widowed mother had become sick as a result of the suffered strain and in the near future would be completely unable to work. Ten years after filling out the forms—my grandmother had already died, and my mother was living in an old-age home under medical supervision—we received the official answer. We were informed that "The German Reich, represented in the state of Berlin by the special capital and building commission of the higher financial administration

meine Großmutter war bereits tot, und meine Mutter wohnte in einem Altersheim unter medizinischer Kontrolle – erhielten wir die offizielle Antwort. Wir wurden darüber informiert, dass „das Deutsche Reich, im Lande Berlin vertreten durch die Sondervermögens- und Bauverwaltung bei der Oberfinanzdirektion Berlin", unserem Antrag nicht entsprechen könne. Allerdings wurde gleichzeitig erklärt, dass uns durch das Verfahren keine Kosten entstünden. Die Schlussfolgerung auf dem Dokument lautete: „Die Antragsteller haben keine konkreten Angaben über den Verbleib der als entzogen beanspruchten Gegenstände gemacht; sie vermuten lediglich die Verbringung in die Bundesrepublik Deutschland oder nach Groß-Berlin. Diese allgemeine Vermutung reicht jedoch für den Verbringungsnachweis nicht aus. [...] Anhaltspunkte für eine Verbringung sind den Wiedergutmachungsämtern von Berlin für die Vermögenswerte, die den Gegenstand dieser Entscheidung bilden, nicht bekannt geworden."

Der Sachlichkeit wegen muss ich hinzufügen, dass meine Familie im Jahre 1974 – infolge der nun bereits vorhandenen diplomatischen Beziehungen zwischen Ungarn und der Bundesrepublik – gegenüber dem Dritten Reich doch einen gewissen Erfolg verbuchen konnte. Als einziger Erbe der verstorbenen Antragsteller erhielt ich dreißig Jahre nach Kriegsende viertausend Forint einmaligen Schadenersatz, nach damaligem Wechselkurs etwa dreihundertzwanzig D-Mark.

Heute, nachträglich, begreife ich die Empfindlichkeit der Juden, die auf eine finanzielle Wiedergutmachung verzichtet haben; nicht nur, weil auch die größten in Ungarn ausgezahlten Beträge keinem Vergleich mit dem nur materiell gemessenen Schaden standhalten konnten, und nicht einmal deswegen, weil infolge der Langsamkeit der Bearbeitung der Anträge die Zahlungen nur in wenigen Fällen den unmittelbar Betroffenen zugute kamen. Meine Bedenken sind moralischer Art und haben mit der Haltung zu tun, die in dem oben zitierten Dokument deutlich wird. Wenn jemand eine Nähmaschine, einen Wintermantel oder einen goldenen Zahn besaß, den man ihm wegnehmen konnte – wer sucht diese Gegenstände auf dem Gebiet der Bundesrepublik oder Großberlins? Und wie kann man formal den Anteil eines vergasten Ostarbeiters an

Berlin," was unable to accept our application. At the same time, we were also told that we hadn't incurred any costs from the trial. The ruling on the document stated: "The applicants have not supplied any concrete information about the whereabouts of the objects claimed to have been removed; they simply assume their removal to the Federal Republic of Germany or to the greater Berlin area. This general assumption, however, is insufficient for the proof of removal. [...] Grounds for a removal are unknown to the reparation offices of Berlin for the monetary value represented by the disputed object."

Just for the record, I must add that my family was able to notch up a certain success against the Third Reich in 1974 as a result of the re-established diplomatic relations between Hungary and West Germany. As the sole heir of the deceased applicant, thirty years after the end of the war I received four thousand Forints as a one-time compensation for damages, which based on the exchange rate at the time was equal to about three hundred and twenty German marks.

Today, in retrospect, I understand the sensitivity of those Jews who rejected financial compensation. Even the highest payments made in Hungary cannot be compared with the materially measured damages alone and, due to the slow processing of the applications, those directly affected have benefited from payments in only very few cases. My reservations are morally based and have to do with the attitude that is clearly stated in the document mentioned above. If someone owned a sewing machine, a winter coat, or a gold tooth, which was possibly taken away from them—then who is really going to go and look for these objects on the territory of the Federal Republic or in the greater Berlin area? And how can you calculate the share that a gassed Eastern European worker had in the profit of the totalized German Reich economy? What is the exchange value of a handful of ashes, which in the meantime has been dispersed in the airspace of the former German Reich within its pre-1937 borders?

Then came the summer of 1986, when the American film musical *Anatevka* was shown in an open-air cinema in Budapest. Previously, only the stage version had been permitted. On the overcrowded rows

dem Profit der totalisierten reichsdeutschen Wirtschaft berechnen? Welchen Kurswert hat eine Hand voll Asche, die sich inzwischen im Luftraum des ehemaligen Deutschen Reiches in seinen Grenzen von vor 1937 gleichmäßig verteilt hat?

Dann kam der Sommer 1986, als in einem Freilichtkino in Budapest das amerikanische Filmmusical *Anatevka* gezeigt wurde, das bisher nur in seiner Bühnenversion zugelassen war. In den überfüllten Bankreihen saßen ungarische Juden aller Generationen und starrten fasziniert auf die Leinwand, auf der eine versunkene Welt erschien. Für die meisten Anwesenden war dies kein künstlerisches, sondern ein persönliches Ereignis. Manche Zuschauer weinten, andere tauschten verunsicherte Blicke, als wollten sie sich vergewissern, dass die in jüdischen Angelegenheiten eher vorsichtigen Behörden ihnen diese verbotene Frucht tatsächlich gewährten.

Der Zweifel hatte gute Gründe. In denselben Tagen zerschlug die ungarische Staatssicherheit einen jüdischen Privatklub, dessen Mitglieder in ihren Wohnungen jüdische Geschichte und Kultur sowie die hebräische Sprache studieren wollten. Bei den Verhören wurden die Organisatoren als „zionistische Agenten" verdächtigt und mit Gefängnisstrafe und Ausbürgerung bedroht. Die Älteren von ihnen fühlten sich auf mysteriöse Weise in die Fünfzigerjahre zurückversetzt. Bis heute gibt es für diesen sinnlosen Willkürakt keine plausible Erklärung.

Gleichzeitig gab es auch ermunternde Zeichen. So nahm das lange Tauziehen um die Errichtung eines Denkmals für Raoul Wallenberg im Sommer 1987 einen positiven Ausgang. Der schwedische Diplomat, der im verhängnisvollen Jahr 1944 das Leben von mindestens zehntausend Budapester Juden rettete und der zugunsten seiner Schützlinge selbst Adolf Eichmann zu trotzen wagte, verschwand gleich nach der Befreiung Budapests in einem Moskauer Gefängnis und kam dort nach offizieller sowjetischer Darstellung im Jahre 1947 ums Leben. Dieser Sachverhalt allein hat ausgereicht, die Erinnerung an ihn bis zuletzt nur in vorsichtigem Flüsterton zu wahren. Andererseits kursieren bis heute die wildesten Legenden über sein qualvolles Weiterleben in einem Lager des sowjetischen Gulag. Die verspätete Geste der Budapester Regierung, das Denkmal doch noch zu errichten, galt nicht so sehr diesem Ritter ohne Furcht

of benches sat Hungarian Jews from all generations, starring in awe at the screen, which showed a sunken world. For most of those present, this was not an artistic, but rather, a personal event. Some viewers cried; others exchanged uncertain glances, as though they wanted to make sure that the officials, who were usually quite cautious in Jewish affairs, were actually granting them this forbidden fruit.

Their doubt was with good reason. At approximately the same time, the Hungarian state security service broke up a private Jewish club, whose members had wanted to study Jewish history and culture and the Hebrew language in their homes. At the interrogations, the organizers were accused of being "Zionist agents," and were threatened with prison sentences and having their citizenship taken away. The older ones among them felt mysteriously returned to the 1950s. Even today, there is no plausible explanation for this senseless arbitrary act.

At the same time there were also encouraging signs. The lengthy tug-of-war over the construction of a memorial for Raoul Wallenberg came to a positive end in the summer of 1987. The Swedish diplomat, who in the fateful year 1944 had saved the lives of at least ten thousand Budapest Jews, and who even stood up to Adolf Eichmann for the benefit of his charges, disappeared immediately after the liberation of Budapest in a Moscow prison and, according to the official Soviet version, died there in 1947. These facts were sufficient to cause his memory to be preserved—until recently—solely in cautious, low whispers. On the other hand, the wildest legends still circulate today about his torturous life in a Soviet gulag. The belated gesture of the Budapest government—to finally put up the memorial—was dedicated less to this fearless and faultless knight, and was thought of more as a diplomatic necessity. The aged and power-weary Kádár, they said back then, was preparing for a state visit to Stockholm, and he wanted to avoid embarrassing questions from the very outset.

One thing that I know for sure is that since 1990, there has been a mini-renaissance of Jewish life and Jewish tradition, beyond the districts of my childhood, mainly in the Erzsébetváros, in a sea of dilapidated, dreary houses. Most of the capital's seventeen synagogues can be found

und Tadel als eher einer diplomatischen Notwendigkeit. Der greise und machtmüde Kádár, so hieß es damals, bereite sich auf eine Staatsvisite nach Stockholm vor, und er wolle peinlichen Fragen von vornherein aus dem Weg gehen.

Ich weiß: Seither kam es jenseits der Bezirke meiner Kindheit, vor allem in der Erzsébetváros – in einem Meer von verfallenden, trostlosen Häusern –, nach 1990 zu einer kleinen Renaissance jüdischen Lebens und jüdischer Tradition. Die meisten der siebzehn wieder funktionierenden Synagogen der Hauptstadt sind ebenso hier anzutreffen wie die wichtigsten Institutionen der Budapester Juden, deren Zahl heute auf achtzigtausend geschätzt wird. Neben der 1859 eingeweihten prächtigen Synagoge der Liberalen in der Dohány utca (Tabakstraße), die einst Seite an Seite mit Theodor Herzls Geburtshaus stand, findet sich hier auch eines der reichsten Jüdischen Museen Mitteleuropas, dessen Schätze in den Kriegsjahren im Nationalmuseum versteckt und nach Kriegsende sofort und vollständig zurückerstattet wurden, wo 1947 die erste Holocaust-Ausstellung eröffnet wurde. Einige hundert Meter entfernt, in der engen Kazinczy utca, residiert die Orthodoxe Gemeinde mit ihrer soeben restaurierten Synagoge und dem einzigen rituellen Bad. In diesem Bezirk gibt es außerdem die zentrale jüdische Gemeinde, den Kulturverein, das Hilfswerk Joint, die Redaktion des jüdischen Journals *Szombat* (Sabbat), das Büro des Jüdischen Weltkongresses, mehrere koschere Restaurants, Buchläden und verschiedene Geschäfte für Judaika.

Ich weiß das alles, für mich aber existiert das Judentum meiner Kindheit nur noch als Schattendasein – ebenso wie die Stadt der Vorkriegszeit, um die in jenem Musical getrauert wurde: „Gott mit dir, du Budapest, du süßes! Unser süßes Leben, Gott mit dir …"

here as can the most important institutions of the Budapest Jews, who today number an estimated eighty thousand. In addition to the splendid liberal synagogue on Dohány utca (Tobacco street), consecrated in 1859, which once stood side-by-side with Theodor Herzl's birth house, is also one of the wealthiest Jewish museums in Central Europe. Its treasures were hidden in the National Museum during the war years, and after the end of the war were immediately and entirely refunded. The first Holocaust exhibition opened here in 1947. Just a few hundred meters away, in the narrow Kazinczy utca, resides the Orthodox community with their recently restored synagogue and the city's only ritual bath. In this district is also the Central Jewish Community, a cultural organization, the relief organization American Joint Distribution Committee, the editorial department of the Jewish journal *Szombat* (Sabbath), the office of the Jewish World Congress, several kosher restaurants, bookshops, and various Judaica shops. Although it was expected that the memorial would be built here, instead, it is located in a beautiful and newly restored synagogue on Páva utca in the eighth district, which still needs to be built up further. What we need is a house of remembrance to be visited by Jews as well as non-Jews, contemporary witnesses and young people, so that at least the spiritual continuity of Jewish presence remains preserved in Budapest.

I know all of that, but for me the Judaism of my childhood exists only as a faint shadow—as does the city of the pre-war era, for which the musical mourns: "God be with you, Budapest, our beloved! Our sweet life, God be with you."

Die Budapester Juden
Eine wechselvolle Geschichte

Die ersten Spuren jüdischen Lebens in Ungarn finden sich bereits in der Römerzeit. Dass Juden vereinzelt schon in der damaligen römischen Provinz Pannonia in Verwaltung und Handel tätig waren, belegen Inschriften und Symbole auf Grabsteinen vor allem im Gebiet des heutigen Óbuda. Einige dieser Grabsteine sind heute im Nationalmuseum (Nemzeti Múzeum; 8., Múzeum körút 14–16) und als Teil der römischen Ausgrabungen (Aquincumi Múzeum; 3., Szentendrei út 139) zu sehen.

Im mittelalterlichen Buda (Ofen) entsteht schließlich ein erstes jüdisches Gemeinwesen – die wechselvolle Geschichte der Budapester jüdischen Gemeinde beginnt (Buda wird erst 1873 mit den Stadtteilen Pest und Óbuda zu Budapest vereint werden).

Nach dem erbarmungslosen Sturm der Tataren (1241/42) macht König Béla IV. Buda zum Verwaltungszentrum seines Königreichs und lässt eine beeindruckende Burganlage für sich und sein Gefolge erbauen. In unmittelbarer Nähe seines Palastes richtet man die Münzerei ein, und der Jude Henuk wird zum Schatzmeister und Kammergrafen – *comes camerae regiae* – ernannt. Nach Henuk übernehmen andere seiner Glaubensgenossen die Leitung der königlichen Münzerei. Ein Umstand, der die hebräischen Buchstaben auf etlichen in dieser Zeit geprägten Münzen erklärt.

In einem Edikt regelt Béla IV. 1251 die Rechtsstellung der Juden in Buda. Er erhebt sie darin unter anderem zu Kammerknechten – *servi camerae* –, wodurch sie (ähnlich den adeligen Familien des Reiches) direkt dem König unterstellt werden. Als Gegenleistung für eine an die königliche (Finanz-)Kammer zu entrichtende Sondersteuer genießen die Budaer Juden jetzt weitgehende religiöse Freiheit, Autonomie in gemeindeinternen Angelegenheiten und Schutz gegen Angriffe von außen.

Allerdings dürfen wir die in diesem Edikt Bélas IV. festgeschriebenen Rechte nicht mit den Grund- und Bürgerrechten vergleichen, wie sie uns heute geläufig sind: Das Tragen eines äußeren Zeichens (roter Kreis auf der Brust), das sie für jeden als Juden erkennbar machte, war für die

The Jews of Budapest
An ever-changing history

Jewish life in Hungary traces back as early as the Roman era. Inscriptions and symbols on gravestones, mainly in the area of today's Óbuda, provide evidence that individual Jews were already active in administration and trade in the former Roman province of Pannonia. A few of these gravestones can be viewed in the National Museum (Nemzeti Múzeum; 8., Múzeum körút 14–16) and some can be seen as part of the Roman excavations (Aquincumi Múzeum; 3., Szentendrei út 139).

The first Jewish communal life gradually arose in medieval Buda, thus beginning the ever-changing history of the Jewish community of Budapest (Buda first united with the districts Pest and Óbuda to form Budapest in 1873).

After the Tatars' merciless raid (1241/42), King Béla IV declared Buda the administrative center of his kingdom and had an impressive palace complex erected for himself and his entourage. A mint was built directly adjacent to his palace and a Jewish man, Henuk, became treasurer and *comes camerae regiae* (court count). Fellow Jews succeeded Henuk as head of the royal treasury. This situation explains the fact that there are Hebrew letters on some of the coins minted in this era.

In 1251, Béla IV passed an edict regulating the legal position of the Jews in Buda. In it, among other things, he elevated them to *servi camerae* (court servants), which placed them directly under the king (similar to the noble families in the kingdom). In return for a special tax that they had to pay to the royal court (treasury), the Buda Jews were granted extensive religious freedom, autonomy in internal community matters, and protection against foreign attacks.

Nonetheless, we cannot compare these rights established by Béla IV's edict with basic human rights and civil constitutional rights as we know them today: the community members were required to wear an outer sign (a red cross on the chest) to identify them as Jews. They also had to build their settlements separate from the rest of the city's residential areas.

Gemeindemitglieder ebenso verpflichtend wie von den restlichen Wohngebieten der Stadt getrennte Ansiedlungen. Das Edikt wurde jedenfalls von den Nachfolgern Bélas IV. übernommen, dabei nur geringfügig verändert und schuf so die Voraussetzung für das Prosperieren der Budaer Gemeinde in den Folgejahren.

1348 werden die Juden, nachdem man ihnen eine Mitschuld an der Pestepidemie unterstellt hat, zum ersten Mal aus Buda vertrieben. Zwar können sie kurz darauf wieder zurückkehren, werden jedoch um 1360 erneut ausgewiesen: Als Grund dafür gilt die beharrliche Weigerung der Budaer Juden, sich zwangstaufen zu lassen.

Einige Jahre später müssen die neuerlich Heimkehrenden feststellen, dass ihre Häuser im südlichen Teil der Stadt an Günstlinge des Königs verschenkt worden sind und der König selbst hierher gezogen ist. Somit ist die Gemeinde gezwungen, sich im nördlichen Teil der Stadt anzusiedeln und damit sozusagen mit dem König Platz zu tauschen.

1371 führt König Lajos I. das Amt eines Landesjudenrichters ein, welches von einem adeligen, nichtjüdischen Würdenträger bekleidet wird. Der Landesjudenrichter ist für die weltliche Rechtsprechung der Gemeinde zuständig, die Ausübung jüdischen Rechts bleibt innere Angelegenheit der Budaer Gemeinde.

In den folgenden Jahrzehnten verschlechtert sich die Situation der jüdischen Gemeinde drastisch. Das aufstrebende Budaer Bürgertum empfindet die jüdischen Händler als starke Konkurrenz. Religiöse Vorwände müssen herhalten, um die Rivalen auszuschalten. Nach dem Ofener Stadtrecht um 1420 dürfen Juden ihre Waren ausschließlich in der Judengasse feilbieten, die Eintreibung angefallener Zinsen wird untersagt.

Eine rechtliche Besserstellung und damit eine Verbesserung ihrer Lebensumstände erfährt die jüdische Gemeinde erst wieder unter dem Renaissancekönig Mátyás (1458–1490); der Legende nach wurde Mátyás auf der zugefrorenen Donau direkt vom Volk gewählt, weshalb er auch als „Volkskönig“ in die ungarische Geschichte einging. Mátyás ersetzt

Béla IV's edict was adopted by his heirs, who changed it only slightly, thus creating the conditions necessary for Buda's Jewish community to prosper in the following years.

The Jews were expelled from Buda in 1348 after they were accused of having been responsible for the plague. Although they were allowed to return shortly thereafter, the Buda Jews were expelled once again in 1360 due to their persistent refusal to accept baptisms.

Several years later, those who had recently returned home realized that their houses in the southern part of the city had been given to those favored by the king and that the king himself had moved there. The Jewish community was therefore forced to settle in the northern part of the city and, so to speak, change places with the king.

In 1371, King Lajos I introduced the post of regional judge for the Jewish population, which was filled by a noble, non-Jewish dignitary. The regional "judge of the Jews" was responsible for the secular jurisdiction of the community; the practice of Jewish law was left as an internal issue to Buda's Jewish community.

In the following decades, the situation of the Jewish community declined rapidly. The ambitious Buda bourgeoisie saw the Jewish traders as strong competition. Religious pretexts were necessary to eliminate the rivals. According to a city regulation in Ofen in 1420, Jews were allowed to sell their goods only on Jewish streets, and they were prohibited from charging interest on loans.

The Jewish community first experienced an improvement in their legal position and thereby in their living conditions under the renaissance king Mátyás (1458–1490); according to legend, Mátyás was elected directly by the people, on the frozen Danube, which is why he went down in Hungarian history as the "people's king." Mátyás replaced the office of the regional Jewish judge with the so-called Jewish prefect; thus, for the first time, a Jew became the formal head of the Jewish community.

1480 das Amt des Landesjudenrichters durch den so genannten Judenpräfekten, und so wird erstmals ein Jude auch formal Oberhaupt der jüdischen Gemeinde.

Wichtigste Aufgabe des Judenpräfekten ist es, die Steuern in der Gemeinde einzuheben und an den Hof weiterzuleiten sowie zwischen den Interessen des Königs und der Gemeinde zu vermitteln.

Der erste Präfekt der Budaer Gemeinde ist Juda Mendel. In seiner Funktion als Judenpräfekt ist Mendel Würdenträger am königlichen Hof und genießt hohes Ansehen. Dies belegen zeitgenössische Chroniken, in denen seine und seines Gefolges Teilnahme an königlichen Zeremonien nachzulesen ist. Er wird als mächtiger Edelmann – hoch zu Ross mit Schwert und Fahne – geschildert, der in prächtige Gewänder gekleidet und reich beschmückt am Hof König Mátyás' zu erscheinen pflegte.

Während der Herrschaft Mátyás' werden die diskriminierenden Judenabzeichen auf der Bekleidung abgeschafft.

Das Amt des Judenpräfekten bleibt am Hof der ungarischen Könige bis zur Besetzung durch die Türken bestehen und wird über Generationen hinweg von Mitgliedern der Familie Mendel ausgeübt.

1526 erleidet die Armee des ungarischen Königs Lajos II. gegen die Osmanen bei Mohács eine vernichtende Niederlage. Die Folgen dieser Niederlage sind für das Land verheerend, die Hauptstadt Buda wird vorübergehend besetzt.

Die Juden der Stadt werden ins Osmanische Reich verschleppt, um dort ihre Fertigkeiten in Handel, Gewerbe und Finanzen „unter Beweis zu stellen". So entstehen in der Folge in vielen Städten des Osmanischen Reiches neue Gemeinden, unter anderem in Konstantinopel, Sofia und Saloniki. Die Mitglieder dieser Gemeinden wahren dabei jene Bräuche und Rituale, die sie aus Buda mitgebracht haben – sie sind so genannte aschkenasische Juden. Sie unterscheiden sich von den anderen Juden im Osmanischen Reich, den Sephardim, die Nachfahren jener Israeliten sind, deren Fluchtroute aus der von den Römern besetzten Heimat nach der Zerstörung des Jerusalemer Tempels über Nordafrika bis nach Südeuropa führte. (Noch Generationen später wird in den jüdisch-aschkenasischen

The most important task of the Jewish prefect was to collect taxes from the community and deliver them to the court, and also to mediate between the interests of the king and those of the community.

The first of these prefects in the Buda community was Juda Mendel. In his function as Jewish prefect, Mendel was a dignitary of the royal court and enjoyed a high standing. Contemporary chronicles provide evidence of this. In them, it is possible to read of his and his entourage's participation in royal ceremonies. He is described as a powerful nobleman—on horseback with sword and flag—who was in the habit of appearing at king Mátyás's court in magnificent gowns and with elaborate embellishment.

During Mátyás's reign, the discriminatory marking on Jewish clothing was abolished.

The office of the Jewish prefect remained at the court of the Hungarian king until the Turkish occupation and was filled throughout the generations by members of the Mendel family.

The army of the Hungarian King Lajos II suffered a devastating defeat to the Ottomans near Mohács in 1526. The results of this defeat were dreadful for the country; the capital Buda was temporarily occupied by the Turks.

The Jews from the city were taken to the Ottoman Empire to "prove" their skills in trade, industry, and finances. New Jewish communities thus arose in many cities in the Ottoman Empire, among others in Constantinople, Sofia, and Saloniki. The members of these communities, Ashkenazi Jews, preserved those customs and rituals that they had brought with them from Buda. They were distinct from the other Jews in the Ottoman Empire, the Sephardic Jews, the descendants of those Israelites whose escape from their Roman-occupied homeland after the destruction of the temple in Jerusalem led them from northern Africa to southern Europe. (Many generations later, in the Jewish Ashkenazi enclaves of the Turkish kingdom, they lived out the traditions of their ancestors—often without knowing their origins.)

Enklaven des türkischen Reiches die Tradition der Väter gelebt werden – oft genug ohne Wissen um deren Ursprünge.)

1541 besetzen die Türken Buda erneut, dieses Mal für beinahe 150 Jahre. Die Entwicklung einer neuen jüdischen Gemeinde erfährt unter türkisch-osmanischer Herrschaft unerwarteten Aufschwung. Juden können sich in Buda wieder niederlassen und sich wirtschaftlich und gesellschaftlich entfalten. Zwar sind sie nicht gleichberechtigt, die Einschränkungen sind aber im Vergleich zu früheren Jahrzehnten sehr gering. Die Juden, die sich nun in Buda ansiedeln, kommen aus den unterschiedlichsten Teilen des Osmanischen Reiches und bringen ihre eigenen Traditionen und Gebräuche mit. So entsteht eine neue, orientalisch gefärbte jüdische Gemeinde in Buda, die bald mehr als 1000 Personen umfasst (bei einer Gesamtbevölkerung von 20.000). Sie bildet den gleichsam spirituellen und kulturellen Kontrapunkt zu den wenige Jahrzehnte zuvor unter höchst widrigen Umständen (siehe oben) entstandenen aschkenasischen Gemeinden im osmanischen Stammreich.

Die wechselvolle Geschichte der Budaer Juden zwischen Prosperität und Niedergang, Sesshaftigkeit und Vertreibung, Leben und Tod erfährt schließlich einen grausamen und blutigen Höhepunkt mit dem Zurückdrängen der türkischen Herrschaft im ausgehenden 17. Jahrhundert.

Österreichische Truppen hatten wiederholt versucht, die Stadt zurückzuerobern (1598, 1602, 1684). Die Juden von Buda hatten dabei an der Seite der Türken gekämpft und sich damit jenen gegenüber loyal erwiesen, die ihnen über einen Zeitraum von fast 150 Jahren Freiheiten in bis dato unbekanntem Ausmaß gewährt hatten.

Diese Loyalität müssen die Juden von Buda nun, nach der türkischen Niederlage, blutig büßen. 1686 dringen die Österreicher unter Prinz Eugen im Osten tief in türkisch besetztes Gebiet vor. Kaiserliche Garden metzeln bei der Rückeroberung von Buda die Mitglieder der jüdischen Gemeinde, die sich in der großen Synagoge verschanzt haben, gnadenlos nieder. Jene, die man nicht ermordet, werden verschleppt und können erst von Prager Juden durch Zahlung hoher Lösegelder freigekauft werden.

In 1541, the Turks occupied Buda once again, this time for nearly 150 years. The development of a new Jewish community experienced an unexpected upswing under the Turkish-Ottoman rule. Jews were again allowed to settle in Buda and develop economically and socially. Although they did not have equal rights, the restrictions were minimal as compared with earlier decades. The Jews who now settled in Buda came from the most diverse parts of the Ottoman Empire and brought along their own traditions and customs. A new, oriental Jewish community arose, which soon comprised more than 1,000 persons (within a total population of approx. 20,000). They formed the spiritual and cultural counterpoint, as it were, to the Ashkenazi communities that had formed just a few decades previously under highly conflicting conditions (see above) in the Ottoman Empire.

The ever-changing history of the Jews of Buda, fluctuating between prosperity and decline, establishment and expulsion, and life and death, experienced a cruel and bloody end with the driving back of the Turkish rule in the waning seventeenth century.

Austrian troops had repeatedly attempted to capture the city (in 1598, 1602, and 1684). The Jews of Buda had fought on the side of the Turks, and thereby proved themselves loyal to those who had provided them with freedoms they had not known previously—which lasted almost 150 years.

The Jews paid brutally for this loyalty after the Turkish defeat. The Austrians, under Prince Eugene in the east, penetrated deep into the Turkish-occupied territory in 1686. After the recapture of Buda, imperial guards mercilessly slaughtered the members of the Jewish community who had gathered in the large synagogue. Those who were not murdered were dragged away and their liberation was only possible through high ransom payments made by Jews from Prague.

After the re-establishment of the Hungarian kingdom, Jews were prohibited from settling in the free imperial cities, thus also in Buda and Pest. This prohibition was not repealed until 1783—in the course of the Tolerance Patent enacted by Emperor Joseph II in 1782.

Nach der Wiederherstellung des ungarischen Königreichs noch im selben Jahr wird es Juden verboten, sich in den freien königlichen Städten, also auch in Buda und in Pest, niederzulassen. Dieses Verbot wird erst 1783 abgeschafft – im Zuge des von Kaiser Joseph II. ein Jahr zuvor erlassenen Toleranzpatentes.

Fast 100 Jahre müssen aber noch bis dahin vergehen, in denen sich Juden in Ungarn nur auf Ländereien des Adels niederlassen dürfen. (Adelige hatten das Recht, autonom darüber zu entscheiden, wer sich auf ihren Gütern niederlassen und wer sie verwalten durfte). Juden übernehmen die Verwaltung vieler Herrschaftsgüter, und so können sich auf dem Land abseits der großen Städte neue Gemeinden entwickeln. Ein bekanntes Beispiel dafür sind die so genannten sieben „Heiligen Gemeinden" im damaligen Westungarn, die sich auf den Ländereien der Familie Esterházy entwickeln und dort bis zum Zweiten Weltkrieg existieren.

Aber dennoch, viele Juden wollen und müssen trotz Niederlassungsverbot in die Hauptstadt. Fast immer landen sie dann vor den Toren der Stadt, meist auf dem Landgut der Adelsfamilie Zichy in Óbuda. Nach und nach entwickelt sich hier, im Vorzimmer des für Juden verbotenen Pest, eine weitgehend selbstständige Gemeinde, die es bald zu wirtschaftlicher und gesellschaftlicher Bedeutung bringt. Die Mitglieder der Gemeinde von Óbuda werden später zu den Gründern der großen Budapester Gemeinde zählen. Auch der erste Oberrabbiner von Budapest Israel ben Salomon Wahrmann ist Mitglied der Óbudaer Gemeinde und wird es, da auch er keine Niederlassungsbewilligung für Pest erhält, bis zu seinem Tod bleiben.

Die Stadtverwaltung von Pest blockiert also noch längere Zeit die jüdische Ansiedlung in der Stadt – sehr zum Ärger des kaiserlichen Statthalters, dessen Aufgabe es unter anderem ja ist, das Toleranzpatent von Joseph II. in die Praxis umzusetzen. Auch gegen den begrenzten Aufenthalt von Juden wehrt sich das vorwiegend deutschsprachige Bürgertum vehement. Vor allem die Teilnahme jüdischer Händler an den Pester Jahresmärkten sucht man mit allerlei Beschränkungen, Sondersteuern

Until then, for almost 100 years, Jews in Hungary were allowed to settle only on estates of the aristocracy. (Land owners had the right to autonomously decide who could settle on their property and who could manage it). Jews took over the management of many ruling estates, and were thus able to develop new communities away from the major cities. Well-known examples are the so-called seven "holy communities" in former western Hungary, which developed on the estates of the Esterházy family and existed until World War II.

Nonetheless, many Jews wanted and needed to go to Budapest, despite the settlement ban. They almost always landed at the gates of the city, usually on the estate of the aristocratic family Zichy in Óbuda. Here, at the gateway to Pest (where the Jews were barred settlement rights), an independent community gradually developed, which soon achieved economic and social standing. The members of the Jewish community from Óbuda would later be among the founders of the large Budapest Jewish community. Also the first head rabbi of Budapest, Israel ben Salomon Wahrmann, was a member of the Óbuda community and would remain so for the rest of his life, since he never received a permit to settle in Pest.

The city administration of Pest thus blocked Jewish settlement in the city for a long time to come—which angered the imperial governor, whose job was to execute Joseph II's Tolerance Patent. The primarily German speaking citizenry also vehemently resisted even a limited residency of Jews. Above all, the inclusion of Jewish merchants in Pest's annual fairs was fought with an array of restrictions, special taxes, and high tariffs—measures illegal according to imperial law, and the central authorities also constantly repealed them.

Starting in 1840, the Jews were granted unlimited rights to settle in all of Hungary. The new arrivals settled near the new market, in Király utca and its surroundings. This area became the home of Pest's Jews and the center of Jewish life in Budapest. This is where the Orczy House, which today is rightfully identified as the cradle of Pest's Jewish community, also stood. The Orczy family rented the numerous residential, commercial,

und hohen Zöllen zu verhindern – nach kaiserlichem Recht ungesetzliche Maßnahmen, die die Zentralbehörden auch immer wieder aufheben.

Ab 1840 gilt dann die uneingeschränkte Niederlassungsfreiheit für Juden in ganz Ungarn. Die Neuankömmlinge siedeln sich in der Nähe des Neuen Marktes an, in der Király utca und deren Umgebung. Dieses Gebiet wird zur Heimat der Pester Juden und zum Zentrum jüdischen Lebens in Budapest. Hier steht auch das Orczy-Haus, das mit Recht heute als Wiege der jüdischen Gemeinde in Pest bezeichnet wird. Die Familie Orczy vermietet die unzähligen Wohn-, Geschäfts- und Lagerräume des Gebäudekomplexes überwiegend an Juden, und das „Haus" entwickelt sich rasch zu einem urbanen Schtetl. Gebetsräume, Schulen und ein rituelles Bad werden eingerichtet, Geschäfte florieren, eine neue Gemeinde blüht auf.

Mit dem Fall der Zuzugs- und Niederlassungsbeschränkungen stellen sich rasch wirtschaftlicher Erfolg und soziale Integration ein. Es entsteht eine starke Assimilationsbewegung innerhalb der Gemeinde. Die Juden von Budapest gleichen sich in Sprache, Kleidung, alltäglichen Sitten und Gebräuchen, ja sogar religiösen Riten dem bürgerlichen Zeitgeist an und entwickeln ein stark ausgeprägtes nationales Bewusstsein. Diese Entwicklung wird später zu einer inneren Spaltung der Gemeinde und zur Ausbildung jener drei religiösen Richtungen führen, welche die jüdische Gemeinde in Budapest bis heute prägen.

Trotz fortschreitender Emanzipation erfolgt die rechtliche Gleichstellung der Juden schleppend und erst im Zuge und als Folge der bürgerlichen Revolution beziehungsweise des ungarischen Aufstandes von 1848/49. Ein Gleichstellungsgesetz, das als Anerkennung für die jüdische Unterstützung der ungarischen Sezessionsbewegung schon beschlossen ist, wird wegen des Autonomieverlustes der Ungarn erst Jahre später in Kraft treten. Wien ist ja über den jüdischen Beitrag zum Kampf gegen die Herrschaft der Habsburger alles andere als erfreut. Als Strafe erlegt der junge Kaiser Franz Joseph den jüdischen Gemeinden Ungarns dann auch eine hohe Reparaturzahlung auf.

and storage rooms of the building complex mainly to Jews, and the "house" quickly developed into an urban shtetl. Prayer rooms, schools, and a ritual bath were set up, businesses flourished, and a new community blossomed.

With the demise of the limitations on settlement and residency, economic success and social integration quickly followed. A strong movement for assimilation arose in the community. The Budapest Jews adapted their language, clothing, everyday habits, and customs, even religious rites to the civil zeitgeist and developed a strong national awareness. This development later led to an inner split in the community and to the formation of the three religious movements, which still characterize Budapest's Jewish community today.

Despite progressing emancipation, the legal equality of the Jews dragged behind, and was first realized in the course of the Hungarian revolution, or Hungarian resistance of 1848–49. An equal rights law, which had already been passed in recognition of the Jewish support for the Hungarian secession movement, was first put in power years later due to Hungary's loss of autonomy.

Vienna was less than pleased with the Jewish contribution to the struggle against the Habsburg rule. As punishment, the young Austrian Emperor Franz Joseph demanded high reparation payments from Hungary's Jewish community.

The reconciliation between Austria and Hungary followed in 1867, and—in its wake, so to speak—a "small reconciliation" between Hungary's Jewish and non-Jewish citizens. Thus, also the formal legal equality of the Jews became reality.

Naturally, that not only brought advantages, but also entailed a number of tasks and duties. Therefore, at the end of 1868, the "National Congress of Israelites" was called in Budapest. Representatives from the whole of Hungary's Jewry participated. This meeting ended with the unexpected and fateful split of the united Budapest community into three relatively independent communities.

1867 folgt dem Ausgleich zwischen Österreich und Ungarn – quasi im Windschatten – ein „kleiner Ausgleich" zwischen den jüdischen und nichtjüdischen Bürgern Ungarns. Die auch formalrechtliche Gleichstellung der Juden wird Realität.

Das bringt naturgemäß nicht nur Vorteile, sondern zieht auch vielfältige Aufgaben und Pflichten nach sich. Deshalb wird Ende 1868 die „Allgemeine Landesversammlung der Israeliten" in Budapest einberufen, an der die Vertreter des gesamten ungarischen Judentums teilnehmen. Diese Versammlung endet mit der unerwarteten und folgenschweren Spaltung der bis dahin einheitlichen Budapester Gemeinde in drei relativ unabhängige Gemeinden.

Die größte davon bilden die Liberalen. Diese Gemeinde strebt kulturelle Assimilierung und erhebliche religiöse Reformen an. Sie verlässt als erste Gemeinschaft das Orczy-Haus und errichtet die Prachtsynagoge in der Dohány utca. Die Liberalen stellen bis heute die Mehrheit unter den Budapester Juden, ihre Gemeinde ist als Dachorganisation der anderen Gemeinschaften anerkannt.

Die zweitgrößte Gruppierung ist die der Traditionellen. Diese Vertreter des Status quo lehnen sowohl die Reformbestrebungen der Liberalen als auch die Rückbesinnung der Thoratreuen ab. Nach Erbauung ihrer eigenen Synagoge in der Rumbach utca verlassen auch sie das Orczy-Haus.

Die kleinste Gruppierung, jene der Thoratreuen, lehnt jegliche Erneuerung vehement ab. Ihre Mitglieder betreten keine der neuen Synagogen, verbleiben am längsten im Orczy-Haus und bauen erst 1913 die Synagoge in der Kazinczy utca, die bis heute Zentrum der kleinen orthodoxen Gemeinde ist.

Die Zeit von 1867 bis 1914, also vom österreichisch-ungarischen Ausgleich bis zum Ausbruch des Ersten Weltkrieges, ist für das Budapester Judentum eine goldene: Die Bedeutung der Gemeinde wächst ebenso rasch, wie die Zahl der Gemeindemitglieder zunimmt (1914: 240.000). Die beeindruckend vielschichtige Infrastruktur mit ihrem Schul- und Gesundheitswesen, ihren zahlreichen sozialen und religiösen Einrichtungen ist ein weiterer Indikator für das Aufblühen der Gemeinde. Die jüdischen

The largest of these were the Liberals. This community strove for cultural assimilation and considerable religious reforms. They were the first community to depart from the Orczy House and they built the magnificent synagogue on Dohány utca. The Liberals still comprise a majority among Budapest's Jews; their community is well known as an umbrella organization for other communities.

The second largest group were the traditional Jews. These representatives of the Status Quo rejected both the reform efforts of the Liberals as well as the return to traditional virtues of those faithful to the Torah. They also left the Orczy House after the edification of their own synagogue on Rumbach utca.

The smallest group, followers faithful to the Torah, vehemently rejected any reforms. Their members did not enter any of the new synagogues, remained the longest at the Orczy House, and it was only in 1913 that they built their first synagogue on Kazinczy utca, which is still a center of the small Orthodox Community today.

The era from 1867 to 1914, from the Austro-Hungarian reconciliation until the outbreak of World War I, was a golden era for Budapest's Jews: the importance of the community grew just as quickly as the number of members rose (in 1914 they numbered 240,000). The impressively manifold infrastructure, with its school and health systems, numerous social and religious facilities, is a further indication of the community's flourishing. The Jewish upper middle class, the intellectuals, and the artists left the traditional settlement areas round Király utca and "captured" the entire city. Similar to Vienna, also in Budapest, magnificent imperial era buildings arose in great style. Palaces and shopping passages, hotels and industrial sites, coffee houses and recreation facilities were conceived, planned, and built with the powerful collaboration of Jewish clients and architects.

This was the era of a belief that moves mountains, as the saying goes. Everything seemed possible, nothing was too daring, not even the hope for a future without persecution, expulsion, and extermination.

Großbürger, die Intellektuellen und die Künstler verlassen die klassischen Siedlungsgebiete um die Király utca und „erobern" sich die gesamte Stadt. Ähnlich wie in Wien entstehen auch in Budapest Gründerzeitprunkbauten in großem Stil. Palais und Einkaufspassagen, Hotels und Industrieanlagen, Kaffeehäuser und Sportstätten werden unter kräftiger Mitwirkung jüdischer Bauherren oder Architekten erdacht, geplant und gebaut.

Es ist dies die Zeit des Glaubens, der, wie es heißt, Berge versetzt. Alles scheint möglich, nichts wirkt zu kühn, auch nicht die Hoffnung auf eine Zukunft ohne Verfolgung, Vertreibung und Vernichtung.

Dann Sarajevo und der Erste Weltkrieg: 10.000 ungarische Bürger jüdischer Abstammung sterben auf den Schlachtfeldern. In den Schützengräben ihr Leben für Kaiser und Vaterland auszuhauchen, diese Ehre wurde ja allen Untertanen der Monarchie gleichermaßen zuteil (zumindest der Tod kennt keine Vorurteile). Das Andenken an die Gefallenen wahrt jedenfalls die Synagoge der Helden, gleich neben der Dohány-Synagoge.

Nach dem Zusammenbruch der Monarchie wird 1919 auch in Ungarn eine Räterepublik ausgerufen, die aber schon kurz darauf von der nationalistischen, rechtsextremen Bewegung von Miklós Horthy gestürzt wird. Wegen der hohen jüdischen Beteiligung an diesem Demokratieexperiment – stellvertretend sei hier das politische Engagement von Béla Kun erwähnt – kommt es in ganz Ungarn zu Repressionen gegen jüdische Bürger. 1920 führt man den ersten Numerus clausus Europas ein (Beschränkungen des freien Zugangs zu den Universitäten) – und zwar explizit für Juden.

Der politische und gesellschaftliche Demokratisierungsprozess Ende der Zwanziger- bis Mitte der Dreißigerjahre bringt den ungarischen Juden eine kurze Verschnaufpause.

Aber schon 1938, jenes Jahr, in dem Österreich je nach Sichtweise „heim ins Reich geholt" oder besetzt wird, ist ein weiteres Schicksalsjahr für das ungarische Judentum. Unter dem Einfluss Nazideutschlands und des faschistischen Italiens erlässt das politisch gleichgeschaltete Horthy-

Then came the events in Sarajevo and the outbreak of World War I: 10,000 Hungarian Jews died on the battlefields. The honor of breathing their last breath in the trenches for the emperor and fatherland was granted equally to all subjects of the monarchy (at least death knows no prejudice). The memory of those fallen is preserved by the Temple of Heroes, directly adjacent to the Dohány Synagoge.

After the collapse of the monarchy in 1919, a Soviet state was also declared in Hungary, which was subsequently ousted by Miklós Horthy's nationalist, extreme right-wing movement. Due to the high percentage of Jewish participants in this democracy experiment—the political involvement of Béla Kun is mentioned here representatively—there followed a repression of Jewish citizens throughout Hungary. The first numerus clausus in Europe (limiting entry to the university) in 1920, explicitly prohibited entry for Jews.

From the end of the 1920s until the mid 1930s, the political and social democratization process gave the Hungarian Jews a short breathing pause.

However, yet another fateful year for Hungarian Jews was 1938 when Austria was either "brought back into the Reich," or occupied by Germany, according to one's view of the matter. Under the influence of Nazi Germany and fascist Italy, the politically assimilated Hungarian government enacted a law repressing Jews that was based on the well-known model. With exclusion from public life, employment prohibitions, and the refusal of even the most minimal civil rights, preparations were made—also in Hungary—for the complete exclusion and extermination of the Jews.

Nonetheless, fascist Hungary, under Regent of the Empire Horthy, appeared unwilling to physically exterminate the Jews. With the invasion of the Nazi troops on 19 March 1944, however, the situation for the country's approximately 600,000 Jews changed dramatically. The Star of David, which the Jews were forced to wear, became an unmistakable badge. The Nazis pursued the complete "final solution of the Jewish question" also in Hungary. The deportation of hundreds of thousands of

Regime repressive Judengesetze nach bekanntem Muster. Mit dem Ausschluss aus dem öffentlichen Leben, mit Berufsverboten und mit der Verweigerung selbst geringster Bürgerrechte wird auch in Ungarn die vollständige Ausgrenzung und Vernichtung des Judentums vorbereitet.

Trotzdem zeigt sich das faschistische Ungarn unter Reichsverweser Horthy unwillig zur physischen Vernichtung der Juden. Mit dem Einmarsch der Nazitruppen am 19. März 1944 ändert sich jedoch die Situation der ungefähr 600.000 Juden im Land dramatisch. Der Davidstern, den zu tragen die Juden jetzt auch hier gezwungen sind, ist das untrügliche äußere Zeichen. Auch in Ungarn verfolgen die Nazis die „Endlösung der Judenfrage" lückenlos. Sofort beginnt die Deportation hunderttausender ungarischer Juden aus den ländlichen Gebieten in die Konzentrationslager auf österreichischem und polnischem Gebiet. Viele von ihnen werden die Todesmärsche nicht überleben, nur wenige den Gaskammern entkommen.

Die Budapester Juden werden in den „Häusern mit (Juden-)Stern" zusammengetrieben. Einschlägige Erfahrungen mit der Technokratisierung des Grauens hat die SS ja schon in Polen oder in der Ukraine sammeln können. Unter der persönlichen Leitung des „Endlösers" Adolf Eichmann werden die Pläne zur Deportation der Budapester Juden vorbereitet. Um die jüdische Bevölkerung noch weiter zu konzentrieren, richtet man zwei Ghettos ein: ein großes im traditionellen Judenviertel der Stadt und ein kleines, das so genannte internationale Ghetto, für die Schützlinge diplomatischer Vertretungen neutraler Länder.

Im großen Ghetto sind über 70.000 Menschen auf engstem Raum und in unvorstellbarem Elend zusammengepfercht. Sie vegetieren dort in ständiger Angst vor den sadistischen Überfällen der ungarischen Pfeilkreuzler, die aus reiner Mordlust foltern und töten. Eine ihrer Spezialitäten ist es, Gruppen von Juden zum Donauufer zu verschleppen und sie dort mit Schüssen in das eisige Wasser zu treiben – mit der Alternative, entweder zu erfrieren oder zu verbluten. Beliebt unter Pfeilkreuzlern ist es auch, die Ausgemergelten Liegestütze über aufrecht eingegrabenen Bajonetten machen zu lassen, bis die Unglücklichen sich vor Erschöpfung selbst aufspießen.

Hungarian Jews from rural areas to concentration camps in Austrian and Polish areas began immediately. Many of them would not survive the death march; only a few escaped the gas chambers.

The Budapest Jews were herded together in the "houses with (Jewish) stars." The SS had already gathered relevant experience with the "technocratization" of horror in Poland and the Ukraine, and plans for the deportation of the Budapest Jews were prepared under the personal leadership of Adolf Eichmann, who engineered the "final solution."

The Jewish population was forced into two ghettoes: a large one in the traditional Jewish quarter of the city, and a smaller, so-called international ghetto for the charges of the diplomatic representatives of neutral countries.

In the large ghetto, more than 70,000 people were pressed together into narrow confines; the destitution was unimaginable. They lived in a state of constant fear of the murderous attacks by the Hungarian Arrow Cross, who tortured and killed purely for the sake of sadistic pleasure. One of the Arrow Cross' specialties was to drag a group of Jews to the banks of the Danube and then drive them into the icy water with gunshots—leaving them faced with the alternative of either freezing to death or being shot. Another of their favorites was to have the emaciated persons do push-ups over an upright bayonet until the unfortunate souls, utterly exhausted, gored themselves.

The same as in Warsaw and Lodz, the plans for a complete extermination of the ghettoes were already set when the Soviet troops moved in just outside of Budapest. But here the commanders and guards held back from carrying out the planned mass murder in light of their imminent defeat and the fear of being held personally accountable for the crimes.

On 18 January 1945, the Budapest ghetto was freed by the Red Army—at a time when the westward death march of Hungarian Jews was still in full force. Those who were not killed or did not collapse along the way arrived at their "destination." They had to wait until spring 1945 to be freed from the concentration camps on Austrian and German territory.

Die Pläne zur vollständigen Vernichtung des Ghettos – wie in Warschau und Lodz – sind fertig, als die sowjetischen Truppen knapp vor Budapest stehen. Nun ist es wohl die Angst, für die Verbrechen persönlich verantwortlich gemacht zu werden, die die Befehlshaber und Kapos angesichts der sich abzeichnenden Niederlage davon abhält, die Massenmordpläne noch umzusetzen.

Am 18. Jänner 1945 wird das Budapester Ghetto von der Roten Armee befreit – zu einer Zeit, da die Todesmärsche ungarischer Juden Richtung Westen noch voll im Gange sind. Jene, die unterwegs nicht getötet werden oder zugrunde gehen, erreichen noch ihr „Ziel“. Sie müssen bis zum Frühling 1945 auf ihre Befreiung aus den Lagern auf österreichischem oder deutschem Boden warten.

Der Verlust an jüdischem Leben ist in Ungarn wie überall im von den Nazis besetzten Europa unvorstellbar hoch. Trotz der mutigen und selbstlosen Hilfe von ungarischen und ausländischen Rettern wie Raoul Wallenberg, dem Sohn einer schwedischen Industriellenfamilie, und trotz der Aktivitäten des jüdischen und nichtjüdischen Widerstandes ist beinahe das gesamte ländliche Judentum Ungarns vernichtet und die jüdische Gemeinde in Budapest von ursprünglich 246.000 auf 86.000 Menschen dezimiert worden.

Nach dem Holocaust ist Budapest das einzige verbliebene Zentrum jüdischen Lebens in Ungarn. Kurz nach dem Krieg übernehmen die Kommunisten die Macht, Ungarn wird sowjetischer Satellitenstaat. Das bedeutet – gemäß herrschender Ideologie – wenig bis kein religiöses Leben in der Öffentlichkeit. Die jüdische Gemeinde kann ihre Aktivitäten nur mit Beschränkungen und oft nur illegal aufrechterhalten. Viele Synagogen werden aus Mangel an Gläubigen und wegen der fehlenden finanziellen Mittel umgewidmet und verkauft, viele andere jüdische Einrichtungen (zum Beispiel Krankenhäuser) werden verstaatlicht. Viele Überlebende, vom Holocaust traumatisiert und menschlich entwurzelt, wollen überdies gerne einem neuen System vertrauen, das allen ohne Ansehen ihrer gesellschaftlichen oder religiösen Herkunft ein Leben in Gleichheit und Freiheit verspricht. Dies alles führt zur kulturellen, spirituellen

The loss of Jewish lives in Hungary, like everywhere in Nazi-occupied Europe, was unimaginably high. Despite the brave and selfless help from Hungarian and foreign saviors such as Raoul Wallenberg, the son of a Swedish industrial family, and despite the activities of the Jewish and non-Jewish resistance movement, nearly the entire rural Jewish population was wiped out in Hungary and the Jewish community in Budapest was decimated from an original 246,000 to 86.000 persons.

After the Holocaust, Budapest was the only remaining center of Jewish life in Hungary. Shortly after the war, the communists took power and Hungary became a Soviet satellite state. That meant—according to the reigning ideology—little or no public religious life was permitted. The Jewish community was able to keep up its activities only to a limited degree, and often illegally. Many synagogues were sold and used for other purposes; many other Jewish institutions (for example, hospitals) were nationalized.

Many survivors, traumatized and uprooted by the Holocaust, trusted in a new system that promised everyone a life of equality and freedom regardless of their social or religious background. This led to the cultural, spiritual, and personal demise of the Budapest Jewish community—a development that could only be halted with the political transition in the year 1989.

Hungary is experiencing a renaissance of Jewish life today with a Jewish self-awareness that has regained its strength, nourished not only by the religious traditions, but mainly by the cultural traditions of Hungarian Jewry.

The synagogues are once again filling up, new Jewish youth groups and cultural clubs are forming. The Jewish community in Budapest, which has been expanded and further revitalized in recent years with immigrants from Israel and Russia, counts among the most numerous and active Jewish communities in Europe.

Unfortunately, not only Jewish self-confidence has awoken, but also open anti-Semitism. It is a shame to see that anti-Semitism has recently

und personellen Ausdünnung der Budapester Gemeinde – eine Entwicklung, die erst mit der Wende von 1989 gestoppt werden kann.

Heute erlebt Ungarn eine Renaissance jüdischen Lebens, ein erstarktes jüdisches Selbstbewusstsein, das sich nicht nur aus der religiösen, sondern vor allem aus der kulturellen Tradition des ungarischen Judentums speist. Erneut füllen sich die Synagogen, neue jüdische Jugend- und Kulturvereine entstehen, Schulen werden gegründet. Die jüdische Gemeinde von Budapest, die in den letzten Jahren durch die Zuwanderung israelischer und russischer Juden erweitert und weiter belebt worden ist, zählt heute zu den zahlenstärksten und auch aktivsten Gemeinden Europas.

Erwacht ist aber leider nicht nur das jüdische Selbstbewusstsein, sondern auch der offene Antisemitismus, der auf beschämende Weise zuletzt sogar Einzug in die ungarische Tagespolitik gefunden hat. Immerhin erteilte die klare Mehrheit der ungarischen Bevölkerung dem rassistischen und antisemitischen Populismus in der Politik bei den letzten Wahlen im Jahr 2002 eine klare Absage.

found its way into day-to-day Hungarian politics. However, in the last elections in 2002, the clear majority of the Hungarian population handed racist and anti-Semitic populism a clear political defeat.

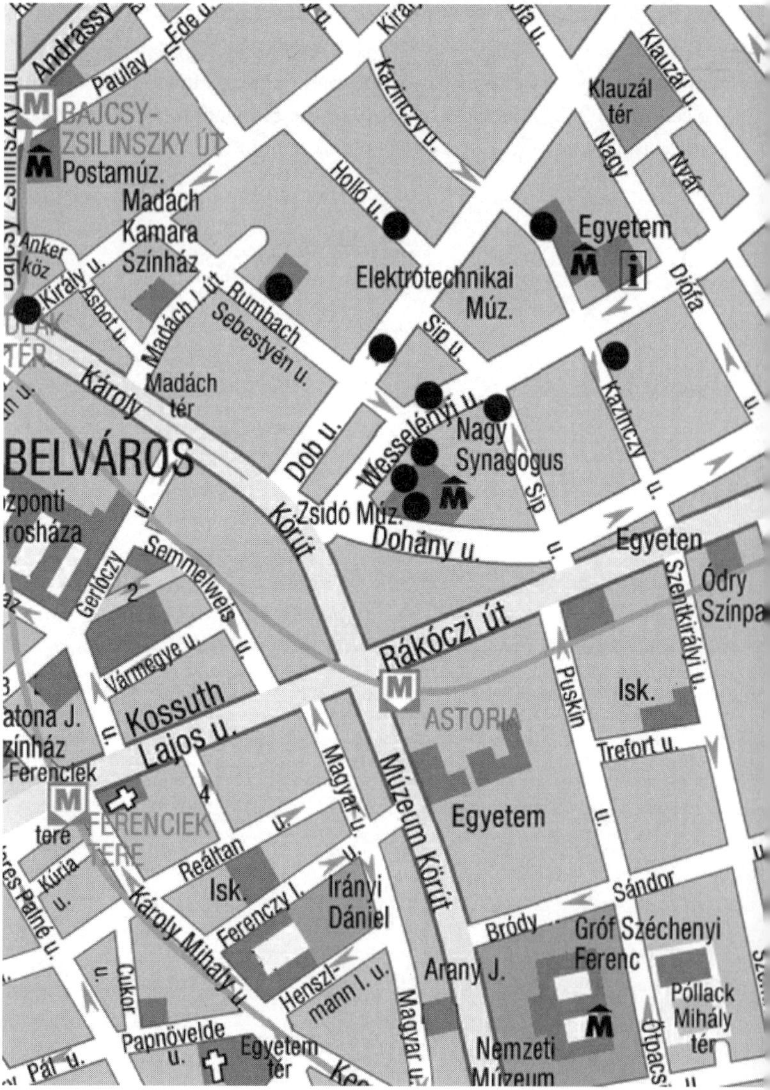

Andrássy
Paulay
Ede u.
Kazinczy u.
Klauzál tér
Klauzál u.
BAJCSY-ZSILINSZKY ÚT
Postamúz.
Madách Kamara Színház
Holló u.
Nagy
Nyár
Egyetem
Anker köz
Király u.
Asbot u.
Madách I. út
Rumbach Sebestyén u.
Elektrotechnikai Múz.
Sip u.
Diófa
Károly
Madách tér
Wesselényi u.
Nagy Synagogus
Kazinczy u.
BELVÁROS
Dob u.
Zsidó Múz.
Dohány u.
Körút
Egyetem
Semmelweis u.
Gerlóczy
2
Szentkirályi u.
Ódry Színpad
Rákóczi út
Vármegye u.
Puskin u.
Isk.
Kossuth Lajos u.
ASTORIA
Trefort u.
Ferenciek
Magyar u.
Múzeum Körút
Egyetem
4
FERENCIEK TERE
Reáltan u.
Kúria u.
Isk.
Irányi Dániel
Sándor
Ferenczy I.
Károly Mihály u.
Bródy
Gróf Széchenyi Ferenc
Henszlmann I. u.
Arany J.
Cukor u.
Magyar u.
Pöllack Mihály tér
Papnövelde u.
Egyetem tér
Pál u.
Nemzeti Múzeum

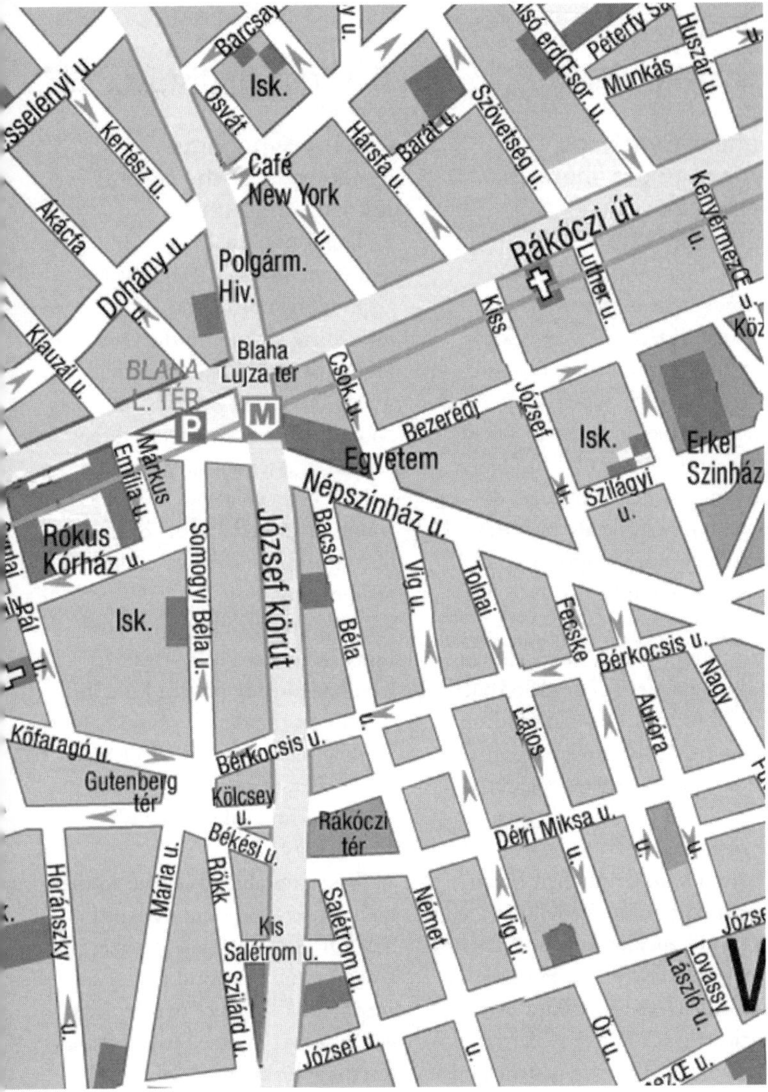

Barcsay
Isk.
Osvát
Kertész u.
Akácfa
Dohány u.
Klauzál u.
Café
New York
Polgárm.
Hiv.
Hársfa u.
Barát u.
Szövetség u.
Péterfy
Munkás
Huszár u.
Rákóczi út
Luther u.
Kenyérmező u.
Kiss
Blaha
Lujza tér
BLAHA
L. TÉR
P
M
Csok. u.
Bezerédj
József
Isk.
Erkel
Színház
Egyetem
Népszínház u.
Szilágyi
u.
Márkus
Emília u.
Rókus
Kórház u.
Somogyi Béla u.
József körút
Bacsó
Béla
Vig u.
Tolnai
Fecske
Bérkocsis u.
Nagy
Isk.
Pál
Aurora
Lajos
Kőfaragó u.
Bérkocsis u.
Gutenberg
tér
Kölcsey
u.
Békési u.
Rákóczi
tér
Déri Miksa u.
Horánszky
Mária u.
Rökk
Szilárd u.
Kis
Salétrom u.
Salétrom u.
Német
Vig u.
Lovassy
László u.
Őr u.
József u.

Der siebte Bezirk

Dohány-Synagoge, Synagoge der liberalen Gemeinde

7., Dohány utca 2

Als die Gemeinde 1844 zwei Grundstücke in unmittelbarer Nähe des Orczy-Hauses erwarb, war ihr ursprünglicher Plan die Errichtung einer jüdischen Schule. Bald entschied man sich jedoch gegen eine Schule und für den Bau einer neuen Synagoge, die sowohl der Größe als auch den Repräsentationsbedürfnissen der liberalen Gemeinde entsprechen sollte.

Beauftragt wurde der Architekt Ludwig Förster (1797–1863), der sein Können bereits bei der Konzipierung der Zentralsynagoge in der Wiener Seitenstettengasse – ebenfalls eine liberale Gemeinde – bewiesen hatte.

Förster kam den hohen Erwartungen, die an ihn gestellt wurden, nach und entwarf eine prunkhafte Synagoge, die in ihrer Größe und ihrem Erscheinungsbild weltweit einzigartig ist. Försters Meisterwerk, das 1859 fertig gestellt und zu den hohen jüdischen Feiertagen im Herbst eingeweiht wurde,

The Seventh District

Dohány Synagogue, Synagogue of the Liberal Jewish Community

7., Dohány utca 2

When the Jewish community acquired two properties in the immediate vicinity of the Orczy House in 1844, its original plan was to build a Jewish school. Soon, however, they decided that instead of a school they would build a new synagogue, which would be more befitting of the liberal community's size and need for representation.

The contract went to architect Ludwig Förster (1797–1863), who had already proven his competence in the design of the City Temple (Stadttempel) in Vienna's Seitenstettengasse, which was also built for a liberal Jewish community.

Förster was able to live up to the high expectations and designed a magnificent synagogue, unlike any other in the world in size and appearance. Förster's masterpiece, which was completed in 1859 and unveiled during the Jewish high holidays in autumn, is still the largest synagogue in Europe and

Gottesdienst in der 1859 fertig gestellten Dohány-Synagoge, dem Prestigeobjekt der liberalen Gemeinde.

A religious service being held in the Dohány Synagogue, the Liberal Community's prestigious construction project, which was completed in 1859.

ist bis heute die größte Synagoge Europas und eine der größten weltweit. Die enormen Baukosten wurden zum Teil aus Spenden, zum Teil aus dem Verkaufserlös von Dauersitzkarten finanziert.

one of the largest in the world. The synagogue's enormous building costs were financed in part though donations and in part through the proceeds from the sale of permanent seats.

Eine Gemeinde, drei Synagogen

Die Entwicklung des jüdischen Zentrums in Pest

Im Jahr 1867 erfolgte endlich die gesetzliche Gleichberechtigung des ungarischen Judentums. Um die nötigen Entscheidungen über die zukünftige Organisation der Gemeinde zu treffen, rief man den „Landes-Congress der Israeliten in Ungarn und Siebenbürgen" zusammen, der zwischen Dezember 1868 und Februar 1869 im Großen Saal des Komitatshauses (5., Városház utca 7) tagte. Es kam zu einem folgenschweren Bruch zwischen den drei Glaubensrichtungen. Die Liberalen, deren Mitglieder die Mehrheit der Gemeinde darstellten, traten für eine Modernisierung des religiösen Lebens und für die kulturelle Assimilation ein. Die kleine orthodoxe Gemeinschaft hing weiter den uralten religiösen und kulturellen Traditionen an. Vertreter der dritten Richtung, des so genannten „Status quo ante", waren nicht bereit, in die eine oder in die andere Richtung zu tendieren. Sie wollten den Status quo unverändert belassen und lehnten die Beschlüsse des Kongresses ab.

Dieser Bruch zog die autonome Entwicklung dreier jüdischer Gemeinden nach sich. Die liberale israelitische Gemeinde sah sich weiterhin als Vertreter aller Juden und wurde von außen auch meist so akzeptiert. Diese Situation hat sich bis heute kaum verändert, wenn auch die „Status quo"-Gruppe als solche nicht mehr existiert.

Zur selben Zeit wurde auch das Platzproblem im Orczy-Haus, in der Wiege des Judentums in Budapest, immer akuter. Die hier entstandenen Synagogen beziehungsweise Gebetsräume konnten nicht mehr allen Gläubigen Platz bieten. Der Wunsch der liberalen Gemeinde, sich nach außen hin zu öffnen und sich angemessen repräsentieren zu können, wurde ebenfalls immer stärker. So entstanden zwischen 1859 und 1913, entsprechend den drei Glaubensrichtungen, drei große Synagogen im jüdischen Viertel. Diese markieren die Eckpunkte jenes Gebietes, in dem sich das wichtigste Zentrum jüdischen Lebens in Pest entwickelte. Heute noch finden wir die wichtigsten jüdischen Institutionen, die Garanten jüdischen Lebens, in diesem Gebiet.

One Community, Three Synagogues
The development of the Jewish triangle in Pest

The long-awaited sanctioning of legal equality for Hungarian Jews came in 1867. In order to make the necessary decisions for future organization under the new conditions, the Jewish community called for a "National Congress of Israelites in Hungary and Siebenbürgen." The assembly met between January 1868 and February 1869 in the great hall of the committee house (5., Városház utca 7). The outcome was a breach in the three directions of the faith, which carried momentous consequences. The liberal members, who constituted the majority of the community, supported a modernization of religious life and were in favor of cultural assimilation. The small orthodox group insisted on preserving the ancient religious and cultural traditions. Supporters of a third group, the so-called "Status Quo Ante," were not prepared to take one path or the other. They wanted the status quo to be preserved and rejected the decisions made by the congress.

This split resulted in the autonomous development of three Jewish communities. The Liberal Jewish Community continued to see itself as representative of all Jews and, for the most part, it was accepted as such from the outside. This situation has not changed significantly today, although the "Status Quo" group no longer exists.

At the same time, the problem of space in the Orczy House, in the cradle of Judaism in Budapest, became ever more acute. The synagogues or houses of prayer that were built here could no longer accommodate all of the worshippers. The Liberal Community's wish to open itself up to the outside and to be suitably represented continued to grow. Thus, between 1859 and 1913, three large synagogues were built in the Jewish quarter corresponding with the three directions of belief. These marked the cornerstones of the area that would develop into the most important center for Jewish life in Pest. Today in this area, we still find the most important Jewish institutions, the guarantors of Jewish life.

Förster wurde von mehreren Seiten inspiriert. Er studierte die islamische Architektur, erwarb sich Wissen über Salomons sagenhaften Tempel in Jerusalem und kannte die Ergebnisse der Ausgrabungen von Ninive und Babylon. Er verband diese Kenntnisse mit modernsten bautechnischen Möglichkeiten und ließ ein Gebäude entstehen, das zu den schönsten und wichtigsten Bauwerken Budapests zählt und in keiner touristischen Stadtrundfahrt fehlen darf.

Die Fassade der riesigen Synagoge wird von zwei Türmen mit Zwiebelkuppeln flankiert. Sie sind einerseits ein Nachhall des Tempels Salomons, erinnern andererseits stark an katholische Sakralbauten. Diese Annäherung an die Kirchenarchitektur – die sich im Innenraum fortsetzt – ist mitunter Ausdruck des Assimilierungsbestrebens der liberalen Gemeinde. Die Fassade setzt sich aus farbigen, gebrannten Ziegeln zusammen, einem typischen Baumaterial der damaligen Zeit, und wird von orientalischen Ornamenten geziert. Insgesamt wirkt die Synagoge in ihrer Farbigkeit und mit all den kleinen Zierfenstern und Schnitz-

Förster was inspired by a multitude of sources. He had studied Islamic architecture, had acquired knowledge about Salomon's renowned Temple in Jerusalem, and was familiar with the excavations of Nineveh and Babylon. He combined this knowledge with the potentials of modern structural engineering and created a building that is one of the most beautiful and significant buildings in Budapest and a must-see on any city tour.

The façade of the huge synagogue is flanked by two onion dome towers. They echo the Temple of Salomon, and simultaneously recall Catholic sacral buildings. The close resemblance to church architecture—which is also reflected in the interior—can be seen as an expression of the Liberal Community's efforts toward assimilation, among other things. The exterior exposes burnt brick construction material, a typical building material for that time, and is decorated with Oriental ornamentation. The synagogue as a whole, with its bright colors and many small decorative windows and carvings, looks as though it were from the Arabian Nights.

arbeiten wie aus Tausendundeiner Nacht.

Das Gebäude umschließt einen Hof in U-Form; hier – auf dem Friedhof der Helden – wurden während der deutschen Besetzung 1944/45 hunderte Opfer des Terrors begraben.

Durch den Haupteingang, der mit dem Thorazitat: „Und sie sollen mir ein Heiligtum machen, dass ich unter ihnen wohne" (Moses II. 25:8), geschmückt wurde, gelangt man in die große Vorhalle. Hinter der Vorhalle öffnet sich der eigentliche Gebetsraum mit seiner gewaltigen Größe. Über dem Eingang und auf beiden Seiten wurden zweistufige Frauenemporen angebracht, die von einer Gusseisenkonstruktion getragen werden. Diese Konstruktion, eine architektonische Innovation ihrer Zeit, beherrscht weitgehend den Innenraum. Insgesamt gibt es 3000 Sitzplätze für Männer und Frauen.

Die Innenausstattung der Synagoge trägt nicht mehr Försters Handschrift. Sie wurde vom jungen Architekten Frigyes Feszl entworfen, der später das berühmte „Vigadó" (die Redoute; 5., Vigadó tér) entwarf. Die Ähnlichkeiten

Auch dieser Eingang zur Dohány-Synagoge weist die typisch orientalische Ornamentierung des Gotteshauses auf.

This door to the Dohány Synagogue features the typical Oriental ornamentation of this prayer house.

Die Dohány-Synagoge um 1880. Heutzutage finden auf dem Platz vor der Synagoge zahlreiche Veranstaltungen des jährlichen jüdischen Kulturfestivals statt.

Dohány Synagogue circa 1880. Today, many events during the annual Jewish cultural festival take place on the square of the synagogue.

zwischen den beiden Bauwerken sind für Kenner wie Laien offensichtlich.

Thoraschrein und Lesepult, beides Werke von Feszl, stehen im Raum ganz vorne, dem Eingang gegenüber. Dies widerspricht der orthodoxen Tradition, die sie mittig anordnet, und scheint ebenfalls ein Zugeständnis an die liberalen Vorstellungen der Gemeindemitglieder zu sein. Die Anordnung erinnert ebenso an christliche Sakralbauten wie die gewaltige Orgel, die für Synagogen sehr unüblich ist. Beides wurde zum Streitpunkt zwischen der liberalen und orthodoxen Gemeinde und ein Grund dafür, dass kein orthodoxer Gläubiger die Dohány-Synagoge für religiöse Zwecke betreten würde. Aus ersichtlichen Gründen wird diese Synagoge in Budapest – auch von vielen jüdischen Gläubigen – als jüdische Kirche bezeichnet.

Die feierliche Einweihung der Synagoge unter Leitung ihres ersten Rabbiners W. A. Meisel (1816–1867) fand am jüdischen Neujahrsfest im September 1859 (7. Elul 5619) statt. In der Anfangsperiode wurden die Predigten noch in deutscher Sprache

The building encloses a U-shaped courtyard; here—in the Cemetery of Heroes—are the graves of hundreds of victims of the terror that occurred during the German occupation from 1944–45.

Distinguishing the main entry, which leads into a large reception hall, is a citation from the Torah: "And let them make me a sanctuary, that I may dwell among them" (Moses II. Exodus 25:8). The reception hall opens into the powerful, voluminous presence of the actual prayer room. Above the entryway, affixed to each side, are two-story women's galleries, supported by a cast-iron construction. This construction, an architectural innovation in its time, greatly dominates the interior, which holds a total of 3,000 seats for women and men.

The interior of the synagogue does not carry Förster's signature. It was designed by the young architect Frigyes Feszl, who later also designed the famous "Vigadó" (Redoute; 5., Vigadó tér). The similarities between the two buildings are obvious for both amateurs and connoisseurs alike.

The Torah shrine and the bimah, both Feszl's creations, are promi-

Auf dem Friedhof der Helden wurden während der deutschen Besatzung 1944/45 zahlreiche Tote des umliegenden Ghettos begraben. Viele der Ermordeten fanden nach dem Krieg am jüdischen Friedhof Rákoskeresztúr ihre letzte Ruhestätte.

Many who had died in the surrounding ghettoes during German occupation of 1944/45 were buried in the Heroes' Cemetery. After the war, many victims of murder were finally laid to rest at the Jewish Cemetery, Rákoskeresztúr.

Der Friedhof der Helden im Hof der Dohány-Synagoge.
The Heroes' Cemetery in the courtyard of the Dohány Synagogue.

abgehalten, bald setzte sich jedoch die ungarische Sprache durch. Auch diese Entwicklung war ein Zeichen der Modernisierung, des Bekenntnisses zum nationalen Bewusstsein und damit ein Dorn in den Augen der Orthodoxie.

Die Dohány-Synagoge wurde in den letzten Jahren liebevoll renoviert und erscheint nun, nach Jahrzehnten der Vernachlässigung

nently located at the front of the room across from the entry. This contradicts orthodox tradition, according to which they are placed in the center, and appears to be an acknowledgement of the liberal ideals of the community's members. The arrangement appears similar to Christian sacral buildings as does the mighty organ, which is very uncommon for syn-

während der sozialistischen Periode Ungarns, wieder im alten Glanz. Anlässlich der hohen Feiertage wird die Synagoge bis auf den letzten Sitzplatz von Gläubigen aus dem In- und Ausland gefüllt und zum Leben erweckt.

Die Synagoge der ehemaligen „Status quo"-Gemeinde in der Rumbach utca

7., Rumbach Sebestyén utca 11–13

Trotz der Fertigstellung des Dohány-Tempels und trotz des Auszuges der liberalen Gemeinschaft aus dem Orczy-Gebäude blieb das Platzproblem im Haus akut. So beschloss auch die konservative Gruppierung, das Orczy-Haus hinter sich zu lassen und ein eigenes Zentrum mit einer angemessenen Synagoge zu errichten. Die Ausschreibung für den Baukomplex gewann der Wiener Architekt Otto Wagner (1841 bis 1918), der zur Hauptfigur der Wiener Jugendstilarchitektur wurde. Die Synagoge mit angeschlossenem Wohn- und Bürohaus wurde am 1. Oktober 1872 eingeweiht und bot für die Gläubigen über 1000 Sitzplätze. Die hohen Baukosten wurden traditionell –

agogues. Both became points of contention between the Liberal and Orthodox Communities and were among the reasons why orthodox worshippers refused to enter the Dohány Synagogue for religious purposes. It is easy to see why many Budapesters—even quite a few Jews—referred to this synagogue as a Jewish church.

The ceremonial inauguration of the synagogue under the direction of Rabbi W. A. Meisel (1816 to 1867) took place on the occasion of the Jewish New Year festival in September 1859 (7. Elul 5619). In the beginning stages, the liturgy was still held in German; however, Hungarian soon became the standard language.

This development was also a sign of modernization, an acknowledgement of the national consciousness and thus a thorn in the side of the Orthodoxy.

The Dohány Synagogue has been lovingly renovated in recent years and now, after decades of neglect during the Socialist period, appears to have recaptured its old glow. During the high holidays, the synagogue is full of life and filled to the last seat with worshippers from Hungary and abroad.

Die Rumbach-Synagoge, von der so genannten Status-quo-Gemeinde errichtet, ist heute teils restauriert, steht jedoch leer.

The Synagogue at Rumbach utca was used by the Status Quo Community and despite partial restoration, remains empty today.

wie auch in der Dohány utca – durch den Verkauf der Sitzplätze an die „Stammgäste" aufgebracht.

Wagners Entwurf folgte den Wünschen seiner Auftraggeber. Er entsprach sowohl ihren konservativen Vorgaben wie auch dem Wunsch, der Dohány-Synagoge in

The Synagogue of the Former "Status Quo" Community on Rumbach utca

7., Rumbach Sebestyén utca 11–13

The Orczy House continued to lack space, despite the completion of the Dohány Temple and the subsequent withdrawal of the Liberal Community from the Orczy building. The Conservatives therefore also decided to leave the Orczy House and build their own center with an adequate synagogue. The contract for the building complex was awarded to Viennese architect Otto Wagner (1841–1918), the leading figure of the renowned Viennese art nouveau architecture.

The synagogue, with adjacent apartment and office buildings, opened on 1 October 1872 and offered room for over 1,000 worshippers. Like at Dohány utca, the high cost of construction was covered in the traditional way by selling seats to "regular" worshippers.

Wagner's design followed the wishes of his contractor. He satisfied both their conservative requirements and their wish to have a synagogue no less grandiose or

Konstruktionszeichnung Otto Wagners für die Rumbach-Synagoge.
Constructional drawing for the Rumbach Synagogue by Otto Wagner.

Erhabenheit und Glanz um nichts nachzustehen. Wagner wählte einen achteckigen Grundriss, der die zentrale Anordnung des Thoraschreins und des Lesepults im Sinne der konservativen Tradition ermöglichte. Der Raum wird von acht gusseisernen Säulen flankiert; diese tragen ein Kuppeldach mit Eisenskelett.

radiant than the Dohány Synagogue. Otto Wagner chose an octagonal floor plan, which enabled a central arrangement for the Torah shrine and bimah as prescribed by the conservative tradition. The room is flanked by eight cast-iron pillars; these carry a roof dome with a steel skeleton.

Die Fassade bildet mit dem angebauten Wohnhaus eine Einheit und wirkt ein wenig orientalisch. Die Anlehnung an die islamische Architektur, die damals die Synagogenarchitektur Europas dominierte, ist auch hier nicht zu übersehen. Die lukenartigen Fenster sind nicht nur stilistisch wunderbar, sie ermöglichten auch den Verzicht auf übermäßige künstliche Beleuchtung. Bei einem bestimmten Lichteinfall werden die Sonnenstrahlen direkt auf dem Thoraschrein in der Mitte fokussiert. Im angrenzenden Wohnhaus wurden neben Wohnungen für Rabbiner, Lehrer und Angestellte auch Studienräume und eine Mädchenschule eingerichtet.

Die ungarischen Behörden funktionierten die Synagoge 1941 in eine provisorische Unterkunft für jüdische Flüchtlinge aus dem Ausland um; später wurde sie ein Teil des Ghettos.

1944 erlitt das Gebäude starke Beschädigungen. Die Ruine wurde jahrzehntelang von den Behörden „vergessen". Eine Teilrestaurierung nahm man in den Achtzigerjahren vor, doch die Zukunft dieses architektonischen Meisterwerkes ist bis heute ungewiss.

The façade forms a unity with the adjacent apartment house and has a slightly oriental affect. The reference to Islamic architecture, dominant in European synagogue architecture at the time, is clearly visible.

The skylight windows are not only stylistically wonderful, but they also ensure a minimum of artificial lighting. At a certain angle of incoming light, the rays of the sun focus directly onto the Torah shrine in the center. The adjacent apartment house provided accommodation for rabbis, teachers, and employees, and also included study rooms and a school for girls.

In the year 1941, the Hungarian authorities demanded that the synagogue function as a provisional shelter for Jewish refugees from abroad; later it became part of the ghetto.

In 1944, the building suffered extensive damage. The ruins were "forgotten" for decades by the Hungarian authorities. A partial restoration was undertaken in the 1980s, however, the future of this architectonic masterpiece is still uncertain.

Das Ghetto 1944

Pläne für die Errichtung eines Ghettos in Budapest gab es bereits im Frühsommer 1944. Die Regierung Horthy nahm jedoch davon Abstand, da sie in der Verteilung der Juden in besonders gekennzeichneten Häusern entlang dem gesamten Stadtgebiet eine Versicherung gegen eine großflächige Bombardierung durch die Alliierten sah. Diese Gebäude – „Häuser mit dem gelben Stern" oder auch „Judenhäuser" genannt – boten vorübergehend Unterkunft für die etwa 200.000 Budapester Juden. Anfang Dezember 1944 wurde dann das „große Ghetto" im alten jüdischen Viertel um die Dohány-Synagoge eingerichtet. Das „kleine" oder auch „internationale Ghetto" befand sich an der Donau im 13. Bezirk. Das Gebiet zwischen Dohány utca und Klauzál tér wurde umzäunt, und Soldaten bewachten die Tore. In den rund 160 Häusern des Ghettos waren über 70.000 Menschen unter unmenschlichen Verhältnissen einquartiert. Elend, Entbehrung, Plünderung und Mord gehörten hier zur Tagesordnung. Die Leichen, zumeist Opfer der einfallenden Pfeilkreuzler, wurden auf dem Klauzál tér und im Garten des Tempels der Helden begraben.

Ab Ende 1944 war das Chaos vollständig, die Todesmärsche begannen, die Razzien wurden häufiger und brutaler. Nach der Flucht der ungarischen Regierung aus Budapest waren die in der Stadt verbliebenen Juden dem unkontrollierten fanatisch-nationalsozialistischen Mob hilflos ausgeliefert. Die Überfälle auf das Ghetto mehrten sich. Hunderte Juden wurden zum Donauufer geführt und ins Wasser geschossen. Völlig planlos und im Blutrausch wurden trotz internationalem Protest jüdische Einrichtungen überfallen und Jung und Alt, Frau und Mann ermordet. Dieser Wahnsinn endete erst Mitte Januar 1945: Am 16. befreite die Rote Armee das internationale Ghetto, am 18. das große Ghetto. Die Juden in Budapest waren – wenn auch zahlenmäßig dezimiert – wieder frei. Die Todesmärsche über Westungarn in Richtung Deutsches Reich gingen jedoch ungehindert weiter.

Ein Gedenktafel im Garten zwischen Dohány-Synagoge und Tempel der Helden erinnert an die russische Befreiung.

Betroffene studieren einen Aushang, der weitere Einschränkungen jüdischen Lebens während des Zweiten Weltkrieges in Ungarn verkündet.

Affected persons study a decree announcing further measures restricting Jewish life in Hungary during World War II.

The Ghetto, 1944

Plans to build a ghetto in Budapest were already drawn in early summer of 1944. The Horthy government, however, distanced itself from these plans because they felt that scattering the Jews in specially marked houses throughout the city might prevent a massive bombardment by the allied forces. These buildings—called "houses with the gold star" or "Jewish houses"—offered temporary housing for Budapest's estimated 200,000 Jews. But in December of 1944, the "large ghetto" was formed in the old Jewish quarter around the Dohány Synagogue. The "small" or "international ghetto" was created on the Danube in the thirteenth district. The area between Dohány utca and Klauzál tér was fenced in and subjected to surveillance by soldiers at the gates. In the estimated 160 houses of the ghetto were over 70,000 people living in inhuman conditions. Destitution, deprivation, plunder, and murder were daily occurrences here. The corpses, mostly victims of the Arrow Cross (Hungarian militant fascists) attacks, were buried in Klauzál tér and in the garden of the Temple of Heroes.

Complete chaos reigned at the end of 1944; the death march to the west began, and the raids increased in number and brutality. After the flight of the Hungarian government from Budapest, the remaining Jews in Budapest were helplessly subjected to the uncontrollable, fanatical Nazi mob. Attacks on the ghetto increased. Hundreds of Jews were led to the banks of the Danube and shot into the water. Despite international protests, there were unpredictable, bloodthirsty raids on Jewish establishments and murderous attacks against young and old, men and women. The insanity continued until mid-January 1945. The Red Army freed the international ghetto on 16 January; the large ghetto was liberated on 18 January. Jews in Budapest were free again—although decimated in terms of population. However, the death march across western Hungary in the direction of the German Reich continued.

A memorial plaque in the garden between the Dohány Synagogue and the Temple of Heroes commemorates the Russian liberation.

Die orthodoxe Synagoge in der Kazinczy utca

7., Kazinczy utca 29–31

Trotz der konservativen Gesinnung der Gemeinde in der Rumbach utca betrachteten die Angehörigen der abgespaltenen orthodoxen Gemeinde den neuen Tempel als unakzeptabel, da bestimmte „progressive“ Elemente der liberalen Bewegung von der Rumbach-Gemeinde übernommen worden waren. Bis zur Fertigstellung der orthodoxen Synagoge in der Kazinczy utca blieben sie deshalb in ihrem uralten und beengten Bethaus im Orczy-Gebäude.

Die orthodoxe Synagoge ist das jüngste der drei wichtigsten Bethäuser im zentralen jüdischen Viertel von Budapest. Die orthodoxe Gemeinde war und blieb in Budapest verhältnismäßig klein; erst Anfang des 20. Jahrhunderts wuchs sie auf jene Größe, die einen Auszug aus dem Orczy-Haus rechtfertigte.

Die Architekten Béla und Sándor Löffler entwarfen für diese Gemeinschaft einen Komplex, der alle notwendigen religiösen Institutionen in sich vereinen sollte. So entstanden auf dem L-förmigen Grundstück eine Synagoge, ein

Die Chuppa, der Hochzeitsbaldachin, auf einem Podest hinter der orthodoxen Synagoge in der Kazinczy utca.

The chuppa, the marriage archway, on a pedestal behind the Orthodox Synagogue on Kazinczy utca.

The Orthodox Synagogue on Kazinczy utca

7., Kazinczy utca 29–31

Despite the conservative convictions of the Community on Rumbach utca, the members of the splinter group from the Orthodox Community found the new temple to be unacceptable, as the Rumbach Community had adopted certain “progressive” elements from the liberal movement. Until the completion of the Orthodox

Gemeindehaus, eine Schule und eine Mikwe. Das außerordentliche Werk wurde 1913 eingeweiht und ist heute noch ein wunderbares Beispiel für Jugendstilarchitektur, gepaart mit modernem Funktionalismus.

Die zweistöckige Synagoge wird auf beiden Seiten von terrassenförmigen Nebengebäuden flankiert. Hier waren verschiedene Büros, Wohnungen und anderes untergebracht. Die Gesetzestafeln des Moses zieren die Fassade der Synagoge, im Rundfester ist ein Davidstern zu sehen, das Gesims ist mit einem Bibelzitat versehen: „Und er fürchtete sich und sprach: Wie heilig ist diese Stätte! Hier ist nichts anderes als Gottes Haus, und hier ist die Pforte des Himmels“ (Moses I. Genesis 28:17).

Der Gebetsraum ist rechteckig, das Tragwerk im Inneren aus Stahlbeton. Die zweistöckigen Frauengalerien sind streng von anderen Räumlichkeiten getrennt und nur vom Hof aus zugänglich. In der Mitte des Raumes befindet sich die Bimah (Thorabühne), neben dem Thoraschrein stehen auf beiden Seiten die Lesepulte des Rabbiners respektive des Vorbeters. Die Synagoge bietet Sitz-

Synagogue on Kazinczy utca, they therefore remained in their ancient and outgrown house of prayer in the Orczy building.

The Orthodox Synagogue is the youngest of the three most important houses of worship in Budapest's central Jewish quarter. The Orthodox Community was, and has remained relatively small in Budapest; not until the beginning of the twentieth century did it grow to a size that would justify moving its location from the Orczy House.

For this community, the architects Béla and Sándor Löffler designed a complex that would bring all necessary religious institutions under one roof. Thus, the L-shaped property could accommodate a synagogue, a community building, a school, and a mikvah (ritual bath). This extraordinary work opened in the year 1913 and is still an excellent example of art nouveau architecture joined with modern functionalism.

The two-story synagogue is flanked on both sides by terraced buildings; these contained various offices, apartments, and various other spaces.

plätze für 1000 Betende. Hinter ihr steht der Hochzeitshimmel (die Chuppa) auf einem Podest.

Rechts in der Toreinfahrt befindet sich der Eingang zur modernen Schas-Chevra-Synagoge. Im ehemaligen Schulgebäude im Hof befinden sich heute das koschere Restaurant Hanna und ein Bethaus für die Winterzeit. Das angeschlossene Gemeindehaus kann von der Dob utca betreten werden (7., Dob utca 35).

Tempel der Helden

7., Wesselényi utca 5

Der Tempel der Helden, die jüngste Synagoge des alten jüdischen Viertels, wurde zur Erinnerung an die 10.000 gefallenen jüdischen Soldaten des Ersten Weltkriegs 1931 fertig gestellt.

Der Bau ist formal einfach gelöst; die Kuppel, die Arkadengänge und die Abschlussverzierungen der Mauer erinnern an die islamische Architektur des Altertums. Der Architekt Ferenc Faragó wurde einerseits von Ausgrabungen in Mesopotamien und Babylon beeinflusst, andererseits von den Ansprüchen moderner Architektur seiner Zeit. Scheint die Sonne auf die weißen Gemäuer,

The façade is decorated with Moses's tablets of the Ten Commandments and a round window that features the Star of David; the ledge is inscribed with a quote from the Bible: "And he was afraid and said: how holy is this place! This is none other than the house of God and this is the gate to heaven" (Moses I. Genesis 28:17).

The prayer room is rectangular; the interior supports are made of reinforced concrete. The two-story women's galleries are strictly separated from the other rooms and are accessible only from the courtyard. In the center of the room is the bimah; next to the Torah shrine are the two pulpits for the rabbi and the cantor. The synagogue can accommodate up to 1,000 worshippers. Behind the synagogue on a pedestal is the chuppa, the marriage archway.

To the right at the entry gate is an entrance to a modern Chevra Shas synagogue. Located in the former school building in the courtyard are the kosher restaurant Hanna and a winter prayer room. The adjacent community house can be entered from Dob utca (7., Dob utca 35).

Retter und Helfer in dunklen Zeiten

„Wer einen Menschen rettet, rettet die ganze Welt." (Talmud) In ewigem Gedenken und mit Dank an jene Menschen, die Licht in die Dunkelheit brachten und der Bestialität Humanität entgegenstellten.

Stellvertretend für die vielen namenlosen Retter und Helfer sollen im Folgenden einige Personen kurz erwähnt werden, deren beispielhafter Mut die Budapester Rettungsaktionen erst ermöglichte.

Carl Lutz (1895–1975) wurde 1942 Vizekonsul der Schweizer Gesandtschaft in Budapest und vertrat dabei die Interessen mehrerer Staaten, darunter Großbritanniens, der USA und El Salvadors. Seine Kontakte zu deutschen Behörden rührten aus den Jahren 1939 und 1940, als er für die ausgewiesenen deutschen Staatsbürger im britischen Mandat Palästina zuständig gewesen war.

Die Situation der ungarischen Juden wurde nach dem deutschen Einmarsch am 19. März 1944 lebensgefährlich. Lutz begann in dieser Zeit mit seinen Rettungsaktionen, mit denen er das Leben von mehr als 60.000 Juden in Budapest bewahren konnte. Er eröffnete in der ehemaligen amerikanischen Botschaft und später im „Glashaus" in der Vadász utca das so genannte Palästina-Büro. Seine Idee war es, die Verfolgten durch Schutzbriefe, in denen dem Inhaber die mögliche Ausreise nach Palästina bescheinigt wurde, vor der Deportation zu bewahren. Jene, die so einen Schutzbrief besaßen, wurden von Mitarbeitern Lutz' in den 76 Häusern untergebracht, die unter dem Schutz der Schweizer Botschaft standen. In diese Häuser sollte weder ungarischen noch deutschen Soldaten Zutritt gewährt werden. Schikanen konnten jedoch nicht immer vermieden werden.

Lutz und seine Mitarbeiter, die meist der illegalen zionistischen Bewegung angehörten und mit falschen Papieren ausgestattet waren, schwärmten motorisiert und zu Fuß in ganz Budapest aus, um den Verfolgten zu helfen. Lutz baute ein dichtes Rettungsnetz zwischen anderen Vertretern neutraler Länder, dem Internationalen Komitee

des Roten Kreuzes (IKRK) und weiteren illegalen Rettungsinitiatoren auf, um die Aktionen zu koordinieren und effizienter zu machen. So arbeitete er etwa mit Friedrich Born (IKRK), Nuntius Angelo Rotta (Vatikan) und Raoul Wallenberg (Schweden; Ausführlicheres zu Wallenberg: siehe Seite 162) zusammen. Er initiierte damit eine einmalige Rettungsaktion im Holocaust und bewahrte unzählige ungarische Juden vor der Verschleppung und Vernichtung.

Lutz kehrte nach der Befreiung Ungarns in die Schweiz zurück, wo ihn statt Dank und Anerkennung Vorwürfe erwarteten: Er habe seine Kompetenzen als Vizekonsul der Schweiz überschritten. Dies spiegelt die Haltung der Schweizer Regierung zur Judenverfolgung wider. Sie lehnte jegliche aktive Fluchtunterstützung ab, unzählige Juden wurden an der Grenze zur Schweiz aufgehalten und nach Deutschland zurückgeschickt – im Wissen, dass dort die Vernichtung auf sie wartete.

Carl Lutz wurde erst 1958 in seiner Heimat rehabilitiert und später halbherzig zum Ehrenkonsul ernannt.

Friedrich Born (1903–1963), ab Mai 1944 Delegierter des IKRK in Budapest, unterstützte die Errichtung und Erhaltung von Spitälern, Waisenhäusern, Kinderheimen und Suppenküchen, die er alle unter den Schutz des IKRK stellte, und gab Schutzbriefe nach schwedischem Beispiel an die Verfolgten aus. Diese wurden von der ungarischen Regierung ab Oktober 1944 anerkannt. Born bezog nach der Errichtung des Ghettos ein Büro ebenda und blieb bis Januar 1945 in Amt. Nach der Befreiung des Ghettos wurde er von der russischen Kommandantur ausgewiesen und kehrte in die Schweiz zurück. Als er 1963 starb, wussten seine eigenen Kinder noch nicht, dass ihr Vater etwa 15.000 ungarischen Juden das Leben gerettet hatte.

Eine Gedenktafel für Born ist am Haus des ungarischen Roten Kreuzes (5., Arany János utca 31) zu finden.

Giorgio Perlasca (1910–1992), Geschäftsmann, selbst ernannter Konsul Spaniens in Ungarn ab November 1944, lebte ab 1942 in Budapest. Sein Geschäft wurde nach dem Waffenstillstand Italiens mit den Alliierten

im September 1943 beschlagnahmt und er selbst interniert. Im Oktober 1944 konnte er aus dem Internierungslager fliehen und in der Budapester spanischen Botschaft Zuflucht finden. Er bekam einen spanischen Diplomatenpass und half bei der Versorgung der spanischen Schutzhäuser mit. Als der Botschafter Angel Sanz Briz Ende November 1944 nach Spanien zurückkehrte, ernannte sich Perlasca eigenmächtig zu seinem Vertreter. Er orientierte sich an den Aktionen Raoul Wallenbergs, mit dem er auch manchmal gemeinsam zu Rettungsaktionen auf Bahnhöfen fuhr. Er rettete durch Mut und Geistesgegenwart ungefähr 5000 Menschen das Leben und stellte sich damit in die Reihe der „Gerechten", wie Menschen, die Juden in der Not helfen, genannt werden. Perlasca selbst prahlte nie mit seinem Verhalten. Seine Familie in Italien, zu der er nach der Befreiung Ungarns zurückkehrte, erfuhr kaum etwas von seiner Zeit in Budapest. Erst in den Achtzigerjahren wurde Perlasca in der Öffentlichkeit bekannt. Er wurde Ehrenbürger von Israel und erhielt wie auch alle anderen Retter den Titel „Gerechter unter den Völkern". Perlasca meinte kurz vor seinem Tod: „Was habe ich schon Großartiges getan? Vor allem habe ich den Leuten eine Menge Lügengeschichten erzählt."

Eine Gedenktafel im Szent István park (13. Bezirk), einem öffentlichen Garten, erinnert an Perlasca.

Gábor Sztehlo (1909–1974), ein Pfarrer, baute gemeinsam mit dem IKRK und dem Komitee „Der gute Hirte" (gegründet von Juden, die zum Protestantismus übergetreten waren) vor allem Kinderheime auf. Er verteilte Schutzpässe neutraler Gesandtschaften und brachte rund 1500 obdachlose jüdische und nichtjüdische Kinder in etwa 30 Kinderheimen unter. Sztehlo beschützte „seine" Kinder persönlich vor den Nationalsozialisten und den Pfeilkreuzlern. Keines der Kinder wurde verletzt. Nach der Befreiung kümmerte er sich weiter um die Waisenkinder und leitete bis 1950 ein großes Kinderheim. Sztehlo widmete sich danach der kirchlichen Arbeit und ging mit seiner Familie in die Schweiz. An Sztehlos Begräbnis 1974 nahmen unzählige „seiner ehemaligen Kinder" teil und trauerten um ihn wie um einen Vater. Er

wurde kurz vor seinem Tod von Yad Vashem, der Holocaust-Gedenkstätte in Jerusalem, ausgezeichnet.

Eine Gedenktafel für ihn findet sich in der evangelischen Kirche neben der Bécsi kapu (Wiener Tor) in der Burganlage, erster Bezirk.

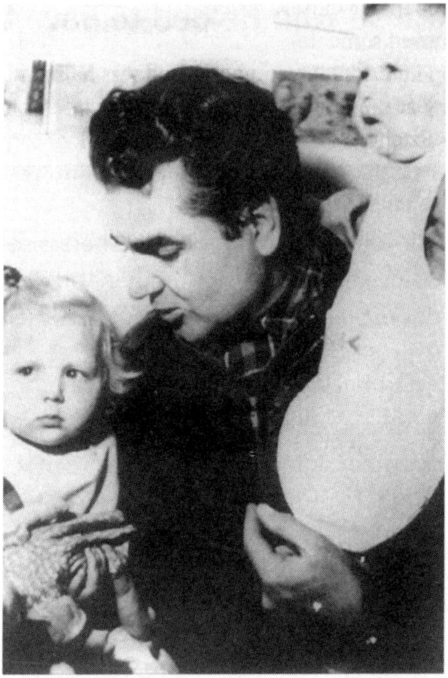

Gábor Sztehlo (1909-1974), Retter der Kinder.

Gábor Sztehlo (1909-1974), the savior of children.

Angelo Rotta (1872–1965), seit 1930 Nuntius in Budapest, protestierte auf Anweisung des Vatikans (!) gegen die Maßnahmen der ungarischen Regierung gegen die Juden. Am 15. Mai 1944 erhielt die ungarische Regierung die erste offizielle Protestnote eines päpstlichen Vertreters gegen die Deportationen und Vernichtung der jüdischen Bevölkerung. Rotta ließ die Taufe als Voraussetzung für die lebensrettende Hilfe fallen, verteilte päpstliche Schutzpapiere, richtete Schutzhäuser ein und unterstützte die Bemühungen des Roten Kreuzes und Raoul Wallenbergs. Monsignore Angelo Rotta, 1945 von der russischen Armee ausgewiesen, starb 1965 in Rom.

Eine Gedenktafel in der Úri utca 6, erster Bezirk, in der Burganlage, erinnert an ihn.

Those Who Helped to Save Lives in Dark Times

Whoever saves a person saves the whole world" (Talmud). This chapter is dedicated in eternal memory and gratitude to those people who brought light into darkness and confronted barbarianism with humanity.

Representing the many nameless rescuers and saviors, several people, whose exemplary courage enabled the life-saving rescue actions in Budapest, are mentioned briefly in the following passages.

Carl Lutz (1895–1975) became Vice-Ambassador of the Swiss delegation in Budapest in 1942 and represented the interests of several countries, among them, Great Britain, the U.S., and El Salvador. His contacts to the German authorities were established in 1939 and 1940. During this time, he was responsible for expelled German citizens in the British mandate of Palestine.

The situation of the Hungarian Jews became life threatening after the German invasion on 19 March 1944. Lutz began his rescue actions at this time and he was able to save the lives of more than 60,000 Jews in Budapest. He opened the building of the former American Embassy and later the so-called Palestine office in the "glass house" on Vadász utca. It was his idea to save the persecuted from deportation by giving them letters of protection, with which the letter owner could document the approval of possible exile to Palestine. Those who received these letters were housed by Lutz's staff in the 76 buildings that stood under the protection of the Swiss Embassy. German and Hungarian soldiers were both denied entry to these houses; however, their tricks could not always be stopped.

Lutz and his assistants, who were mostly members of the illegal Zionist movement and had received false papers, spread out in all of Budapest and patrolled either in motorized vehicles or on foot, in order to help the persecuted. To better coordinate and streamline the life-saving actions, Lutz built up a dense network of representatives from other neutral countries, the International Committee of the Red

Raoul Wallenbergs (1912–unbekannt) Name wurde zum Synonym für Humanität und Zivilcourage.

The name of Raoul Wallenberg (1912–unknown) became synonymous with humanity and civil courage.

Cross (ICRC), and other initiators of illegal life-saving organizations. He worked with Friedrich Born (ICRC), nuncio Angelo Rotta (Vatican), and Raoul Wallenberg (Sweden; more on Wallenberg: see page 168), among others. This unique life-saving operation during the Holocaust saved a vast number of Hungarian Jews from deportation and annihilation.

After the liberation of Hungary, Carl Lutz returned to Switzerland, where, instead of gratitude and recognition, he faced accusations: he had overstepped his competencies as Vice-Consulate of Switzerland. This reflected the Swiss government's position on the persecution of the Jews during the Holocaust. They rejected any attempts to actively support the flight of the Jews; countless Jews were held at the Swiss

border and sent to Germany—in the knowledge that death awaited them there.

Carl Lutz was first rehabilitated in 1958 and later, rather half-heartedly, made Honorary Ambassador.

Friedrich Born (1903–1963) was delegated by the ICRC to Budapest in May 1944. There, he created and maintained hospitals, orphanages, and soup kitchens—all protected by the ICRC—and gave protection letters, modeled on the Swedish example, to those in danger. These were recognized after October 1944 by the Hungarian government. After the creation of the ghetto, Born moved into an office there and stayed in office until January 1945. After the liberation of the ghetto, he was expelled by the Russian commander and returned to Switzerland. When he died in 1963, even his own children did not know that he had saved the lives of approximately 15,000 Hungarian Jews.

A memorial plaque in honor of Born can be found on the building of the Hungarian Red Cross (5., Arany János utca 31).

Giorgio Perlasca (1910–1992), businessman and self-appointed Spanish Ambassador in Hungary after November 1944, moved to Budapest in 1942. After the cease-fire between Italy and the Allies in September 1943, his business was confiscated and he himself was interned. He was able to flee from the internment camp in October of 1944 and found asylum at the Spanish Embassy. He received a Spanish diplomatic passport and helped to find Spanish protection houses. When the consulate Angel Sanz Briz returned to Spain at the end of November 1944, Perlasca declared himself to be his representative. He followed the example of Raoul Wallenberg, whom he occasionally accompanied to train stations on life-saving missions. Through his courage and conscientiousness, he saved approximately 5,000 people and was placed in the ranks of the "righteous," as those people were called who helped Jews in peril. Perlasca himself never boasted of his acts. His family in Italy, where he returned after the liberation of Hungary, knew almost nothing about his time in Budapest. Not until the 1980s was

Perlasca publicly recognized. He became an honorary citizen of Israel and received, like all others who saved lives, the title of "righteous among the people." He commented shortly before his death: "What did I do that was so great? I told people a bunch of made-up stories."

A memorial plaque in a public garden at the Szent István park (thirteenth district), is dedicated to Perlasca.

Gábor Sztehlo (1909–1974), a priest, built orphanages, together with the ICRC and "The Good Shepherd" committee (founded by Jews who had converted to Protestantism). Sztehlo distributed protection passports of various neutral diplomatic legations and brought circa 1,500 homeless Jewish and non-Jewish children into approximately thirty orphanages. Sztehlo personally protected "his" children from the Nazis and the Arrow Cross. None of these children were hurt. After the liberation he continued to care for the orphans and, until 1950, ran a large children's home. Sztehlo then dedicated himself to religious life and returned with his family to Switzerland. A great many of "his former children" took part at his memorial service in 1974 and mourned him as their own father. Sztehlo was recognized shortly before his death by Yad Vashem, the Holocaust memorial organization in Jerusalem.

His memorial is located in the Evangelical church next to Bécsi kapu (the Vienna Gate) on the castle grounds of the first district.

Angelo Rotta (1872–1965), nuncio in Budapest after 1930, honored a request by the Vatican to protest against the measures taken by the Hungarian government in persecuting Jews. On 15 May 1944, the government received the first official protest letter of a papal representative against the deportation and assassination of the Jewish population. Rotta ignored the prerequisite of baptism for the beneficiaries of his life-saving acts, and he distributed papal protection documents, arranged for protection houses, and supported the efforts of the Red Cross and Raoul Wallenberg. Monsignor Angelo Rotta, expelled in 1945 by the Russian army, died in 1965 in Rome. A memorial plaque is dedicated to him at Úri utca 6, first district, in the castle grounds.

fühlt man sich bei ihrem Anblick in den Orient versetzt. Trotz der Einfachheit – oder eben deshalb – fügt sich die Synagoge in ihre Umgebung und verschwindet nicht im Schatten der großen Dohány-Synagoge. Blickt man durch die Rundbögen der Arkade, sieht man den ehemaligen Garten. Während der Schreckenszeiten der deutschen Besetzung im Zweiten Weltkrieg ist dieser idyllische Garten zum traurigen Zeugen des Mordens geworden. Hier sind in dieser Zeit Schätzungen zufolge 7000 Menschen beigesetzt worden. Sie alle waren Opfer des Mordens und des Elends im umliegenden Ghetto. An den Wänden wie auch an jenen des angrenzenden jüdischen Museums und Gemeindezentrums befinden sich mehrere Gedenktafeln. Sie erinnern beispielsweise an Theodor Herzl, an die Heldin Hannah Szenes, die als Mitglied einer israelischen Widerstandsgruppe gegen die Nationalsozialisten in Ungarn kämpfte und dabei starb, oder an die Befreiung des Ghettos durch die Rote Armee im Januar 1945.

Im rechteckigen Gebetsraum der Synagoge fehlt der sonst übliche getrennte Frauenbereich. Die

Temple of Heroes
7., Wesselényi utca 5

The Temple of Heroes, the youngest synagogue in the old Jewish district, was completed in 1931 in memory of the 10,000 Jewish soldiers who fell in World War I.

Formally, the structure is simple; the dome, the arcade paths, and the border decorations on the walls recall ancient Islamic architecture. The architect Ferenc Faragó was influenced by excavations in Mesopotamia and Babylonia as well as by the achievements of the modern architecture of his era. The sun shining on the white walls of the temple transports the beholder into the Orient. Despite the simplicity—or perhaps because of it—the synagogue fits well in its environment and does not disappear in the shadow of the large Dohány Synagogue. Glancing through the arches of the arcade, one sees the former garden. This idyllic garden offers the tragic evidence of the murder during the time of terror of the German occupation during World War II. According to estimates, approximately 7,000 people were buried here during that time; all were victims of murder and deprivation

symbolische Trennung ergibt sich durch den Gang in der Mitte. Die Schlichtheit der Architektur setzt sich im Inneren der Synagoge fort und unterstützt ihre Erhabenheit.

Der Thoraschrank, mit grünem Marmor verkleidet, liegt gegenüber dem Eingang. Über der Eingangstür befindet sich ein Davidstern, gestaltet aus hebräischen Bibelzitaten, die das Heldentum gefallener Kämpfer loben. Den weißen Kalkwänden werden Details in Blau und Gold entgegengesetzt; die bemalten, hohen Glasfenster verleihen dem Raum zusätzliche Klarheit.

Denkmal der Opfer des Holocaust

Zwischen Dohány-Synagoge und Tempel der Helden

Das Denkmal wurde von der Emanuel Foundation in Auftrag gegeben und 1991 errichtet. Imre Varga, ein bedeutender ungarischer Bildhauer, schuf eine riesige, metallene Trauerweide, auf deren Blättern die Namen unzähliger ungarischer Holocaustopfer verewigt sind.

Auf demselben Platz steht ein zweites Denkmal, das an die Retter erinnert, die in jenen dunklen

Zitat aus dem Alten Testament als Wandmalerei im Tempel der Helden. Es erinnert an die gefallenen Soldaten des Ersten Weltkrieges und preist das Heldentum gefallener Krieger.

Quotation from the Old Testament as a mural in the Temple of Heroes. It commemorates the soldiers who fell in World War I and praises the heroism of fallen warriors.

in the surrounding ghetto. There are several steles on the walls here and at the adjacent Jewish museum and community center. They are dedicated to figures such as Theodor Herzl, or, for example, the heroine Hannah Szenes, who fought as a member of an Israeli resistance group against the Nazi

Zeiten Humanität bewiesen und tausenden Menschen in Ungarn und vor allem in Budapest das Leben retteten.

Denkmal zu Ehren des Schweizer Konsuls Carl Lutz
7., Dob utca 12

Das Denkmal wurde 1991 im Auftrag der Stadtverwaltung vom Bildhauer Tamás Szabó geschaffen, um an die größte Rettungsaktion während des Zweiten Weltkrieges und an jenen Mann, der sie durch Mut und Menschlichkeit möglich gemacht hatte, zu erinnern.

Jüdische Kultusgemeinde Budapest – das Haus des ungarischen Judentums
7., Sip utca 12

Nach Vollendung der Synagoge in der Dohány utca sollte auch die Verwaltung der Gemeinde entsprechend größere und repräsentativere Räumlichkeiten erhalten. Aus diesem Zweck wurde 1891 unter dem Vorsitz des Präsidenten Mór Wahrmann in unmittelbarer Nachbarschaft zur großen Synagoge ein vierstöckiges Haus errichtet. In diesem Bau, der stilistisch dem Zeitgeist der letzten Jahrzehnte

occupation in Hungary and died in battle. There is also a stele commemorating the liberation of the ghetto by the Red Army in January 1945.

The synagogue's rectangular prayer room does not have the usual separate women's section. The symbolic separation is formed by a central aisle. The sleekness of the architecture flows into the interior of the synagogue and underscores its solemnity.

The Torah Ark, inlaid with green marble, lies across from the entrance. Above the entrance is the Star of David, composed of Hebraic Bible quotes praising the heroism of those who fell in battle. The white limestone walls are contrasted with blue and gold detail; the high, painted glass windows lend the room additional luminance.

Memorial to the Victims of the Holocaust
Between Dohány Synagogue and Temple of Heroes

The memorial was commissioned by the Emanuel Foundation and built in 1991. Imre Varga, a prominent Hungarian sculptor, created a huge, metal weeping willow, on

Denkmal für die Opfer des Holocaust. Auf den Blättern der riesigen Trauerweide sind die Namen der unzähligen Ermordeten vermerkt.

Memorial for the victims of the Holocaust. The names of countless victims are preserved on the leaves of the huge weeping willow tree.

des 19. Jahrhunderts entspricht, wurden alle Abteilungen der Verwaltung untergebracht. Er wurde zum Sitz der liberalen Gemeinde von Pest und des Dachverbandes der jüdischen Gemeinden von Ungarn und ist es auch heute noch. Wir finden hier die Büros

whose leaves the names of countless Hungarian Holocaust victims are eternalized. On the same square stands a second memorial honoring those who displayed their humanity during those dark times and were able to rescue thousands of people in Hungary.

Theodor Herzl

Theodor (Tivadar) Herzl wurde am 2. Mai 1860 als Sohn einer assimilierten bürgerlichen Familie in Budapest geboren. Im Alter von 18 Jahren ging er nach Wien und studierte dort Rechtswissenschaften. Seine Pläne, Richter in der k. u. k. Monarchie zu werden, musste er bald aufgeben. In der Folge verfasste er Theaterstücke, die mit mäßigem Erfolg in Wien aufgeführt wurden, und wurde Mitarbeiter der wichtigsten deutschsprachigen Zeitung in der Habsburgermonarchie, der *Neuen Freien Presse*.

Herzl ging als deren Auslandskorrespondent in den 1890er-Jahren nach Paris, wo er die Dreyfus-Affäre miterlebte. Alfred Dreyfus, Offizier der französischen Armee, wurde als Landesverräter vor Gericht gestellt und verurteilt. Der Prozess und die Urteilsverkündung waren von antisemitischen Untergriffen begleitet, deren Vehemenz Herzl verblüffte. Diese Erlebnisse änderten seine Denkweise grundsätzlich: Nicht mehr die Assimilation, die von Herzl bis dahin als einziger Weg gesehen worden war – so hatte er von Massentaufen jüdischer Mitbürger gesprochen –, sondern die Errichtung eines jüdischen Nationalstaates stellte nun in seinen Augen die einzig mögliche Lösung der „Judenfrage" dar

1896 veröffentlichte er die Schrift *Der Judenstaat*, in der er sich für die Gründung eines eigenen jüdischen Staates aussprach; Herzl gilt damit als Begründer oder zumindest als Leitfigur des politischen Zionismus. Im Jahr 1897 organisierte er in Basel den ersten Zionistenkongress, dessen Ziel es war, die Ideen der Zionisten in die Praxis umzusetzen. Als geografischen Ort für einen jüdischen Staat bestimmte der Kongress aufgrund der engen Verbindung zur jüdischen Geschichte Palästina. Weiters wurde die Jüdische Nationalbank für die ökonomischen Grundlagen eines zukünftigen Staates gegründet, ebenso wie 1901 der Jüdische Nationalfonds, aus dessen Einnahmen der Bodenerwerb in „Eretz Israel" finanziert werden sollte. Als persönliche Utopie seines Staates veröffentlichte Theodor Herzl im Jahr 1902 den Roman *Altneuland*.

Theodor Herzl (1860–1904): „Wenn ihr wollt, ist es kein Märchen." 1949 wurden Herzls sterbliche Überreste, wie er es in seinem Testament gewünscht hatte, in „seinen" Staat Israel überführt und in Jerusalem beigesetzt.

Theodor Herzl (1860–1904): "If you will, it is no fairytale." In 1949 Herzl's wish, written in his last testament, was granted: he was delivered to "his" state of Israel and buried in Jerusalem.

Die zionistische Bewegung wuchs in wenigen Jahren zu einer international anerkannten Organisation heran, die vor allem in Osteuropa zahlreiche Anhänger hatte. 1948 erfüllte sich Herzls Traum, und der Staat Israel wurde gegründet.

Herzl hat die Verwirklichung seiner Vision nie bezweifelt. Bereits anlässlich des ersten Zionistenkongresses notierte er in seinem Tagebuch: „Fasse ich den Baseler Kongress in einem Wort zusammen – das ich mich hüten werde, öffentlich auszusprechen –, so ist es dieses: In Basel habe ich den Judenstaat gegründet. Wenn ich das heute laut sagte, würde ein universelles Gelächter antworten. Vielleicht in fünf Jahren, jedenfalls in 50 wird es jeder einsehen."

Herzl starb am 3. Juli 1904 in Edlach, Gemeinde Reichenau an der Rax, Niederösterreich, im Alter von 44 Jahren. 44 Jahre später wurde der Staat Israel gegründet.

Max Nordau

Max Nordau (1849–1923), eigentlich Simon Maximilian Südfeld, eine weitere wichtige Persönlichkeit der zionistischen Bewegung und ein persönlicher Freund Herzls, wurde wie dieser in Pest geboren. Nordau – ab 1870 verwendete er ausschließlich dieses Pseudonym – entfernte sich rasch von den Traditionen seines Vaters, des Rabbiners Gabriel Südfeld. Er wurde Arzt, Journalist und Schriftsteller.

Herzl und Nordau lernten sich in Paris kennen, wo Letzterer seit 1880 lebte und arbeitete. Nordau verstand sich durch und durch als Europäer, Atheist und Modernist und sah in altertümlichen Traditionen lediglich einen Hemmschuh für die gesellschaftliche Weiterentwicklung. Werke wie *Die conventionellen Lügen der Kulturmenschheit* (1883) oder *Entartung* (1892/93) machten ihn zu einem beliebten, aber auch umstrittenen Autor und Denker seiner Zeit.

Der wachsende Antisemitismus in Europa im Allgemeinen und in Frankreich – im Zusammenhang mit der Dreyfus-Affäre – im Besonde-

ren machte ihn für die so genannte jüdische Frage immer empfänglicher. Er entdeckte seine eigenen Wurzeln wieder und sah in den Ideen von Herzl – der auch sein Privatpatient war – eine Möglichkeit, dem wachsenden Antisemitismus entgegenzutreten. Er wurde Mitglied der zionistischen Bewegung und nahm am ersten Zionistenkongress in Basel 1897 und an unzähligen weiteren Kongressen und Treffen der zionistischen Bewegung teil.

Als Herzl ihm von der Idee eines autonomen jüdischen Staates erzählte, soll Nordau gesagt haben: „Vielleicht sind sie von Wahnsinn befallen. Und wenn das so ist, dann bin ich es auch."

Nordau plante seine Auswanderung nach Palästina, in jenes Land, das die zionistische Bewegung als das Land der Juden erträumte. Doch noch bevor er seine Pläne realisieren konnte, starb er 1923 nach langer, schwerer Krankheit in Paris. 1926 wurde sein Leichnam nach Palästina gebracht und von Vertretern der zionistischen Bewegung in Tel Aviv beigesetzt.

Theodor Herzl

Theodor (Tivadar) Herzl was born on 2 May 1860, the son of an assimilated, bourgeois family in Budapest. At age eighteen, he went to Vienna with his family and studied law graduating with a doctorate in 1884. However, he soon gave up his plan to become a judge in the Austro-Hungarian monarchy and devoted himself to writing. He began to write theater plays, which were received with moderate success in Vienna, and was employed by the most important newspaper in the Habsburg monarchy, the *Neue Freie Presse*.

In the 1890s, Herzl went as a foreign correspondent to Paris where he experienced the Dreyfus affair. Alfred Dreyfus, an officer in the French army, was tried and convicted as a traitor. The trial and the sentence were accompanied by anti-Semitic undertones, the vehemence of which alarmed Herzl. This experience fundamentally changed his way of thinking: Herzl no longer supported assimilation, which he had seen as the only alternative until then. He had even spoken of mass baptism of Jews, but now, in his view, the creation of a Jewish nation-state presented the only possible solution to the "Jewish question."

In 1896, he published the pamphlet *Der Judenstaat (The Jewish State)*, in which he speaks out for an autonomous Jewish state; at the time, Theodor Herzl was considered the founder or at least the leading figure of political Zionism. He organized the first Zionist Congress in Basle in 1897, whose goal was to put the Zionist ideas into practice. The congress decided on Palestine, due to its close ties to Jewish history, as a geographic site for a Jewish state. The Jewish National Bank was also founded as the economic base of a future state, as well as the Jewish National Foundation in 1901, whose proceeds were meant to finance land acquisition in "Eretz Israel." Herzl described his state as a personal Utopia in his 1902 novel *Altneuland (The Old New Land)*.

The Zionist movement grew within a few years to an internationally recognized organization that had numerous supporters, primarily in

eastern Europe. In 1948 Herzl's dream was realized and the state of Israel was founded.

Herzl never doubted the realization of his vision. Already on the occasion of the First Zionist Congress he noted in his diary: "If I would summarize the Congress of Basle in a word—one that I would not dare say in public—then it is this: At Basle I founded the Jewish state. Would I say that out loud today, I would be answered with universal laughter. If not in five years then in fifty, everyone will realize it."

Herzl died on 3 July 1904 in Edlach, in the region of Reichenau an der Rax, Lower Austria, at the age of forty-four. The state of Israel was founded forty-four years later.

Max Nordau

Max Nordau (1849–1923), actually Simon Maximilian Südfeld, another important figure in the Zionist movement and a personal friend of Herzl's, was also born in Pest. Nordau—as of 1870 he used only this pseudonym—quickly distanced himself from the traditions of his father, Rabbi Gabriel Südfeld. Nordau became a doctor, journalist, and writer.

Herzl and Nordau met in Paris, where the latter had lived and worked since 1880. Nordau saw himself entirely as a European, atheist, and modernist and in the ancient traditions he saw no more than a hindrance to progressive social development. Works such as *Die conventionellen Lügen der Kulturmenschheit* (The conventional lies of cultural humanity) (1883) or *Entartung* (Degeneration) (1892/93) made him a popular, but also controversial author and thinker in his time.

The growing anti-Semitism in Europe in general and in France in particular—in the context of the Dreyfus affair—increasingly sensitized him to the so-called Jewish question. He rediscovered his own roots and saw in the ideas of Herzl—who was also a patient of his—

Max Nordau (1849–1923), eigentlich Simon Maximilian Südfeld, war Mitbegründer der Zionistischen Weltorganisation, Philosoph, Schriftsteller, Redner und Arzt.

Max Nordau (1849–1923), born Simon Maximilian Südfeld, was co-founder of the Zionist World Organization, philosopher, writer, speaker and medical doctor.

a possibility to counter the growing anti-Semitism. He became a member of the Zionist movement and took part in the First Zionist Congress in Basle in 1897 and numerous other congresses and meetings of the Zionist movement.

When Herzl told him of his idea of an autonomous Jewish state, Max Nordau reportedly said: "Perhaps you are possessed by madness. And if that is the case, then so am I."

Nordau planned his migration to Palestine, to that land the Zionist movement dreamed of as the land of the Jews. But before he could realize his dream, he died in 1923 in Paris after a long, difficult illness. His deadbody was brought to Palestine in 1926 and was buried in Tel Aviv by representatives of the Zionist movement.

der Chewra Kadischa, des Rabbinats, des Gemeindevorstandes und der diversen Abteilungen der jüdischen Gemeinde. Auch Vertretungen internationaler Organisationen wie des jüdischen Weltkongresses oder von JOINT (Joint Distribution Committee for American Funds) finden hier Platz, ebenso wie die Redaktion der Zeitung *Új èlet*, des Mitteilungsorgans der Gemeinde.

Die jüdische Gemeinde besaß bis zum Zweiten Weltkrieg einige politische Bedeutung in der Stadt, vertrat sie doch um die Jahrhundertwende die Interessen von bereits 166.000 Menschen (23 Prozent der Stadtbevölkerung). Diese Zahl wuchs 1941 auf 246.000 Menschen; davon bekannten sich 184.000 zum Judentum, 62.000 wurden durch den Arierparagrafen der faschistischen Regierung zu Juden gemacht.

Während der deutschen Besetzung war dieses Haus der Sitz des Judenrates. Dies war ein von den Besatzern installiertes Vollzugsorgan zur Verwaltung der jüdischen Bevölkerung und zum raschen Vollzug der deutschen Verordnungen wie beispielsweise der Errichtung des Ghettos.

Memorial in Honor of the Swiss Ambassador Carl Lutz

7., Dob utca 12

The memorial, commissioned by the city administration, was built by the sculptor Tamás Szabó in 1991. It commemorates the greatest life-saving act during World War II and is dedicated to the man whose courage and humanity made it possible.

Jewish Community of Budapest—House of Hungarian Judaism

7., Sip utca 12

After the completion of the synagogue on Dohány utca, the administration also expanded and needed proportionate space and more representative premises. For this reason, a four-story house was built in the immediate vicinity of the large synagogue, completed in 1891 under the direction of the chair to the president Mór Wahrmann. This construction, which stylistically reflects the zeitgeist of the last decades of the nineteenth century, accommodated all departments of the administration. It became the seat of the Liberal Community of Pest and the general assembly of the Jewish

Von Kriegsende bis zur politischen Wende 1989 war dieses Haus neben dem Rabbinerseminar der einzige Ort, wo aktives und öffentliches jüdisches Leben stattfinden konnte.

Goldmark-terem (Goldmark-Saal)

7., Wesselényi utca 7

Dieser Flügel wurde als Erweiterung des Gemeindehauses gleichzeitig mit dem angrenzenden Tempel der Helden erbaut und stilistisch diesem angepasst. Die für die Errichtung zuständigen Architekten waren Béla Tauszig und Zsigmond Roth.

Die Fassade des im Jahr 1931 fertig gestellten Baus ist mit Reliefs geschmückt, die die zwölf jüdischen Stämme symbolisch darstellen. Der Goldmark-Saal wurde nach dem bekannten ungarisch-jüdischen Komponisten Károly Goldmark (1830–1915) benannt und dient heute wie damals in erster Linie als Veranstaltungsort.

Während des Zweiten Weltkrieges – und auch in der Zeit davor – bot der Goldmark-Saal Auftrittsmöglichkeiten für zahlreiche große Künstler, die wegen

communities of Hungary and still holds this function today. Here we find the offices of the Chevrah Kadisha, the Rabbinate, the community chair, and the various departments of the Jewish community. Representation from international organizations such as the Jewish World Congress or the Joint Distribution Committee for American Funds can be found here, as well as the editorial offices of the newspaper *Új èlet*, the community's communication platform.

Until World War II, the Jewish community was politically quite significant in the city and, at the turn of the century, represented the interests of 166,000 people (or 23 percent of the city's population). In 1941, this figure was inflated to 246,000 persons; 184,000 were self-declared Jews; 62,000 were made Jewish by the "Aryan" paragraphs of the fascist government.

During the German occupation, this house was the seat of the "Judenrat." This was a penal organ installed by the occupying forces to control the Jewish population and rapidly implement German orders such as the formation of the ghetto.

Das Orczy-Haus

Die Wiege der jüdischen Gemeinde von Pest

Der für die damalige Zeit riesige Gebäudekomplex entstand durch die Zusammenlegung und Erweiterung zweier Wohnhäuser in unmittelbarer Nähe des so genannten Judenmarktes. Das einstöckige Haus wurde später durch einen zweiten Stock erweitert. Der Bauherr János Orczy (1746–1804) und seine Familie übten das alte Recht der Grundbesitzer aus, indem sie das Wohnrecht an Juden vergaben. Ähnlich handelten die Familie Zichy in Óbuda und die Familie Esterházy auf ihren Ländereien in Westungarn. Dies war für Juden lange Zeit die einzige Möglichkeit, sich in Ungarn niederzulassen.

Bald wurden die 48 Wohnungen, die Geschäftslokale und Lagerhallen des Orczy-Hauses fast ausschließlich von jüdischen Familien bewohnt und genutzt. Das von der übrigen Bevölkerung als Judenhof bezeichnete Haus galt als größtes Handelszentrum der Stadt; es beherbergte aber auch alle notwendigen Institutionen, die ein funktionierendes jüdisches Leben ermöglichen. Neben einer Synagoge im Hof und mehreren Gebetsräumen wurden auch die erste öffentliche jüdische Schule und eine Mikwe errichtet. Der hier wirkende Israel ben Salomon Wahrmann (1755–1826) gilt als erster Rabbiner der Stadt und war bis zu seinem Tod Vorsteher der jüdischen Gemeinde von Pest, obwohl er nie eine permanente Aufenthaltsgenehmigung erhielt. Er blieb sein Leben lang Bürger von Óbuda, des so genannten Vorzimmers von Pest.

Im Orczy-Haus entstand allmählich eine Mischung aus Alltag, Handel und religiösem Leben, gepaart mit einem Hauch Exotik, den die angereisten Händler aus Ost und West mitbrachten – das Haus wurde von zeitgenössischen Chronisten als „jüdische Karawanserei" bezeichnet.

Zur wichtigen Einrichtung wurde das Café Orczy – oder Orczy'sche Café –, das von 1825 bis zum Abbruch des Gebäudes 1936 bestand. Das „Orczy'sche" war viel mehr als nur ein Kaffeehaus. Hier, im Spiegelsaal des Cafés, befand sich die wichtigste Getreidebörse Mitteleuropas, wo auch Waren aller Art angeboten wurden. Aus anderen Räumen erklang immer wieder religiöser Gesang, da manche Kantoren hier ihr Können

Das Café Orczy war gleichzeitig Kaffeehaus, Warenbörse, Arbeits- und Heiratsvermittlungsstelle.

Café Orczy was many things at once: coffee house, trading house, a place for job postings and marriage brokers.

in der Hoffnung darboten, Arbeit zu finden. Auch jüdische Hauslehrer suchten nach neuen Anstellungsmöglichkeiten. Es wurden verschiedene jiddische Zeitungen geboten, und Kartenspieler fanden Sets mit hebräischen Buchstaben. Das Café blieb bis zu seinem Abriss koscher.

Nachdem die Juden 1867 gleichberechtigte Bürger geworden waren und die jüdische Gemeinde sich in drei religiöse Gruppierungen gespalten hatte, verließen die einzelnen Gemeinschaften ihre „Wiege" und siedelten sich zuerst in der Nähe, später in der gesamten Stadt an.

Das Orczy-Haus wurde im Jahr 1936 aus ästhetischen und bautechnischen Gründen abgerissen; an seiner Stelle wurden die moderneren Madách-Häuser errichtet.

ELKÁN GYULA SZ
SZ LAJOS
FANTO

Das Orczy-Haus, die Wiege der jüdischen Gemeinde von Pest, wirkte Ende des 19. Jahrhunderts laut zeitgenössischen Reiseberichten wie eine Karawanserei aus Tausendundeiner Nacht.

Orczy House was the cradle of the Jewish community of Pest. According to travelogues recorded around 1900, it resembled a caravansary from the tale of the Arabian Nights.

The Orczy House

The cradle of Pest's Jewish community

This building complex, proportionally huge for its time, was created by combining and expanding two apartment buildings in the direct vicinity of the so-called Jewish market. The single-story house was later expanded by a second floor. The house was commissioned by János Orczy (1746–1804) and after construction he and his family practiced the old right granted proprietors to give Jews the right to rent. The Zichy family in Óbuda and the Esterházy family acted similarly with their estates in western Hungary. For many years, this was the only possibility for Jews to settle in Hungary.

Soon, the forty-eight apartments, businesses, and storage rooms of the Orczy House were rented and used exclusively by Jewish families. The house commonly described by Hungarians as the Jewish palace became not only a lucrative prospect for the Orczy family, but also the center of Jewish life in Pest.

In its day, the Orczy House was considered to be the city's largest commercial center. Along with its economic significance, the house also became the center of Jewish life. It housed all of the necessary institutions that allowed Jewish life to function. In addition to a synagogue in the courtyard and several prayer centers, the first Jewish public school and a mikvah were built. Israel ben Salomon Wahrmann (1755–1826), who worked here, is considered the first rabbi of the city and was the Chair of the Jewish Community of Pest for the rest of his life, although he never received an official residency permit. He remained a lifetime resident of Óbuda, the so-called antechamber of Pest.

In the Orczy House, a mixture gradually developed consisting of everyday life, trade, religious life, and a touch of the exotic that foreign merchants brought with them from east and west. It is largely because of this that the house was described by historians of the day as the "Jewish caravansary."

The Café Orczy became one of the house's important establishments and stood from 1825 until 1936, when the building was torn down.

The Orczy Café was much more than just a coffee house. Here, in the mirrored hall of the café, the most important grain exchange of central Europe took place, where not only grains, but goods of all kinds were offered. From time to time, religious songs emanated from the rooms, since many cantors also offered their talents here in the hope of finding work. Also Jewish tutors looked for new employment opportunities here. Various Yiddish newspapers were offered, and card players could find decks with Hebrew letters. The café remained kosher for as long as it stood.

After the Jews attained equal rights as citizens in 1867, and after the Jewish community split into the three religious groups, the various groups left their "cradle" and settled first in the immediate vicinity, then throughout the city.

The Orczy House was demolished in 1936 for aesthetic and structural reasons; the modern Madách houses were built in its place.

Károly Goldmark (1830–1915), Musiker und Komponist, inmitten seiner Freunde. 1871 vollendete er sein Meisterwerk *Die Königin von Saba*.

Károly Goldmark (1830–1915), musician and composer, meeting with friends. In 1871, he completed his magnum opus *The Queen of Sheba*.

ihrer jüdischen Abstammung an anderen Orten nicht mehr auftreten durften.

Im Saal wurden Gedenktafeln angebracht, die an die vielen im Holocaust umgekommenen Künstler erinnern.

Im Goldmark-Saal finden heutzutage Bälle, Konzerte und andere kulturelle und gesellschaftliche Ereignisse der jüdischen Gemeinde Budapests statt.

From the end of the war until the political transition in 1989, this house was the only site, apart from the Rabbinical Seminary, where active and public Jewish life could take place.

Goldmark-terem (Goldmark Hall)

7., Wesselényi utca 7

This wing was built as an extension of the community house at

Das jüdische Museum

7., Dohány utca 2

An der Stelle des Museumsgebäudes stand einst das Geburtshaus Theodor (Tivadar) Herzls (1860 bis 1904), des Begründers der zionistischen Bewegung. An ihn und seine Ideen erinnert eine Tafel im Treppenhaus des Museums.

Das Museumsgebäude wurde 1932 als Erweiterung der Dohány-Synagoge nach Plänen der Architekten László Vágo und Ferenc Faragó erbaut. Es gelang ihnen, das neue Gebäude stilistisch an die Synagoge anzupassen und somit eine architektonische Einheit zu schaffen. Die Sammlung des Museums, die unter anderem Gegenstände des religiösen Alltags und Werke ungarisch-jüdischer Künstler umfasst, wurde während des Zweiten Weltkrieges im Keller des Nationalmuseums in Budapest versteckt. 1947 wurde das Museum neu eröffnet.

Im Jahr 1993 fand ein spektakulärer Kunstraub statt; viele der wertvollsten Stücke wurden mithilfe eines Gerüstes ins Freie geschafft. Das gesamte Raubgut wurde einige Zeit später im Ausland gefunden und dem Museum zurückgegeben.

the same time as the adjacent Temple of Heroes and was stylistically adapted to the temple (architects: Béla Tauszig and Zsigmond Roth). The façade of the building, completed in 1931, is decorated with reliefs that symbolically depict the twelve tribes of Israel. The Goldmark Hall was named after the famous Jewish composer Károly Goldmark (1830–1915) and it served then as today primarily as an events hall. During World War II—and before—this location offered a performance venue for many great artists who were excluded elsewhere due to discrimination.

In the auditorium there are memorial plaques honoring the many artists who were killed during the Holocaust.

Today, Goldmark Hall is the site of balls, concerts, and other cultural and social events within the Jewish Community.

The Jewish Museum

7., Dohány utca 2

At the site of the museum building there once stood the birth house of Theodor (Tivadar) Herzl (1860–1904), the founder of the Zionist movement. A memorial in

Király utca

Diese lange, schmale Gasse in unmittelbarer Nähe des Orczy-Hauses verlief zwischen Teréz körút und Liszt Ferenc tér wie ein Rückgrat durch das alte jüdische Viertel von Pest. Allmählich wurde sie lückenlos von kleinen Geschäften jüdischer Händler und Handwerker besetzt, die davor ihre Ware nur auf Jahrmärkten oder als Hausierer anbieten konnten. Es waren keine Luxusartikel, die die Käufer hier suchten und fanden. In den winzigen Geschäftslokalen, die oft gleichzeitig Arbeits- und Wohnstätte waren, wurden neben gebrauchter Kleidung und antiquarischen Büchern auch Papier- und Weißwaren angeboten. Erst einige Jahrzehnte später, als die Kaufkundschaft sich ökonomisch weiterentwickelt hatte und damit die Nachfrage nach luxuriöseren Artikeln gewachsen war, entwickelte sich die Király utca zu einer eleganten Einkaufsstraße.

Entsprechend den Bedürfnissen der Händler und aufgrund der wachsenden Beengtheit im Orczy-Haus wurden in der Király utca meist in privaten Wohnungen unzählige kleinere und größere Gebetsräume eröffnet.

Heute noch kann der Betrachter den verlorenen Glanz jener Zeit erahnen, wenn auch sichtbare Spuren kaum vorhanden sind, und die Stimmung des Aufbruchs nachempfinden, als die Juden der Stadt sich weg von der Diskriminierung und hin zu einem konstituierenden Teil der Budapester Gesellschaft entwickelten.

Király utca

This long, narrow street in the direct vicinity of the Orczy House ran between Teréz körút and Liszt Ferenc tér like a spine through the old Jewish quarter of Pest. It gradually filled completely with small shops of Jewish merchants and craftsmen, who could previously offer their wares only at yearly markets or as door-to-door salesmen. The goods bought and sold here were no luxury articles. The tiny stores, which were often both residences and workplaces, offered used clothing, collector's books, stationery supplies, and linen. Not until many years later, when the customers had developed economically and the demand for luxury items had grown, did the Király utca develop into an elegant shopping street.

Due to the merchants' needs and a growing lack of space at the Orczy House, many prayer rooms, large and small, were opened, mainly in private homes, on Király utca.

Today one can still imagine the lost glamour of that time—although hardly any visible traces remain—and sense the mood of hopefulness during that time when the city's Jews were able to break through the discrimination and become a constitutive part of Budapest's society .

Allmählich wurde die schmale Király utca lückenlos von kleinen Geschäftslokalen jüdischer Händler, Handwerker und Druckereien besetzt, die später aus Platzmangel auch auf die Stockwerke und Nebenstraßen ausweichen mussten.

Gradually, the narrow Király utca became filled with small shops, the businesses of Jewish traders, craftspeople, and printers. Later, due to space limitations, the businesses also expanded to the upper floors of the buildings and the side streets.

Seite 98: Die Király utca im Jahr 1929. Erst einige Dekaden später, als die Kundschaft sich ökonomisch weiterentwickelt hatte, entfaltete sich die Király utca zur eleganten Einkaufsstraße.

Page 98: Király utca in 1929. Not until decades later, when the customer base had developed economically, did Király utca become an elegant shopping street.

KÉPKERET KÉSZITŐ
NEUMANN ANTAL
VÉSNÖKI MŰTERME
UDVARBAN
FODRÁSZ
BOROTVÁLÁS 24
HAJVÁGÁS 60
NŐI HAJVÁGÁS 60
FAVORITE
KONFEKTIÓ
CÍMFESTŐK
UDVARBAN
ÁRUHÁZA
A ZELOTTAZUDVARBAN
SZÜCS A. TÁRSA
TUCHTEN FIVÉREK
ÉKSZERÉSZEK
SZŐRME
SÁNDOR
MŰKES

Im ersten Stock werden mithilfe kostbarer Utensilien in mehreren Ausstellungsräumen Alltag und Religion im Judentum dargestellt und erklärt.

Der letzte Raum in diesem Stock ist dem Holocaust gewidmet. Mit Fotos, Dokumenten und anderen Gegenständen wird die Chronologie des Schreckens nachvollzogen.

Im großen Ausstellungsraum im zweiten Stock finden Wechselausstellungen von ausländischen Museen und international bekannten Künstlern – etwa Modigliani oder Chagall – statt.

Die Mikwe

7., Kazinczy utca 16

Zu den essenziellen Institutionen, die jüdisches Leben im Sinne der religiösen Tradition erlauben, gehört die Mikwe, das rituelle Bad. Hier findet die dem Ritus entsprechende Reinigung der Frauen nach dem Ende ihrer Periode oder vor ihrer Hochzeit statt.

Vor dem Krieg gab es zahlreiche Mikwaot in Budapest; mittlerweile ist dies die einzige, die noch in Betrieb ist. In diesem wunderschönen, einstöckigen Haus befindet sich ein Bad, in dessen Becken Regenwasser fließt – denn rituelle

the stairwell to the museum honors Herzl and the achievements of his life.

The museum building was constructed in 1932 as an extension of the Dohány Synagogue, based on plans by architects László Vágo and Ferenc Faragó. They were able to adapt the building stylistically to the synagogue and thus create an architectonic unity.

The museum collection, which includes everyday religious artifacts and the works of Jewish Hungarian artists, was hidden during World War II in the cellar of the National Museum of Budapest. The Jewish Museum reopened in 1947.

There was a spectacular robbery in the museum in 1993; many of the most valuable pieces in the collection were removed through scaffolding. All of the stolen goods were later discovered outside of the country and returned to the museum.

On the museum's first floor, precious utensils in numerous exhibition rooms describe and depict the everyday religion and life of Judaism.

The last room on this floor is dedicated to the victims of the

Im Haus neben der Dohány-Synagoge wuchs Theodor Herzl auf. Das Gebäude wurde später abgerissen. Heute steht an seiner Stelle das Jüdische Museum Budapest.

Theodor Herzl grew up in the house adjacent the Dohány Synagogue. The building was later demolished. Today the Jewish Museum of Budapest stands on the site.

Bäder dürfen nur damit oder mit Quellwasser, nicht jedoch mit Leitungswasser gefüllt werden.

Das Gebäude der jüdischen Volks- und Bürgerschule

7., Wesselényi utca 44

Die ehemalige Knabenschule der Kultusgemeinde von Pest eröffnete

Holocaust. Photographs, documents, and other objects reconstruct the chronology of terror.

The large exhibition room on the second floor features changing exhibitions from international museums and internationally renowned artists such as Modigliani or Chagall.

ihre Pforten 1896. Seit 1990 wird in diesem Haus erneut eine jüdische Schule geführt, die Amerikanische Stiftungsschule. Sie war die erste neu gegründete jüdische Institution in Budapest, die nach der politischen Wende in Osteuropa eröffnet wurde.

An diesem Platz befand sich ein Tor des Budapester Ghettos, woran eine Gedenktafel an der Fassade der Schule erinnert.

Gyertyánffy-Haus

7., Ecke Király utca und Károly körút

Hier stand einst ein ähnlich großes Haus wie jenes der Orczys. Das Gyertyánffy ház füllte sich ebenfalls rasch mit jüdischen Mietern, die jedoch in der Lage waren, auch höhere Mieten zu zahlen als im Orczy-Gebäude.

Auch in diesem Haus gab es ein bekanntes und hoch frequentiertes Café, das Café Herzl. Dieses bot neben Kaffee und Kuchen auch Platz für das tägliche Geschäft unzähliger jüdischer Heiratsvermittler, der Schadchen. Das Gyertyánffy ház wurde zu einer ähnlich lukrativen Einnahmequelle für seine Vermieter wie das benachbarte Orczy ház, sodass die

The Mikvah

7., Kazinczy utca 16

The mikvah, the ritual bath, belongs to the group of essential institutions for maintaining the religious traditions of Jewish life. This is where the ritual purification of women after menstruation or before a wedding takes place.

Before the war, there were many mikvaot in Budapest; now this is the only one still in operation. In this beautiful, single-story building, the basins of the bath flow with rainwater; (the ritual baths must be filled only with rainwater or spring water and never with tap water).

The Jewish Primary School and "Bürgerschule" (elementary school)

7., Wesselényi utca 44

The former boys' school of the Jewish community of Pest opened its gates in 1896. In 1990, a Jewish school re-opened in this building, the American Foundation School. It was the first Jewish institution in Budapest to be newly founded after the political transition in Eastern Europe.

At this square was a gate to the Budapest ghetto, which is

beiden Familien zu den kräftigsten Steuerzahlern der Stadt zählten.

Pekáry-Haus

7., Király utca 47

Das Haus wurde 1847 von József Pekáry, einem ehemaligen Polizeioffizier, in Auftrag gegeben und ein Jahr später fertig gestellt. Es erinnert an ein großes, romantisches Schloss und war wohl das imposanteste Gebäude der damaligen Király utca.

Die Fassade des Hauses gibt einige Rätsel auf. Einerseits wurden sowohl auf dem Balkon über der Eingangstür als auch an den Fenstersimsen Davidsterne als Schmuck eingesetzt, andererseits wird das Haus von zwei steinernen ungarischen Soldaten bewacht. Ob diese Vereinigung ungarischer und jüdischer Elemente intendierten Symbolcharakter besitzt, ob sie schon im Originalentwurf enthalten oder erst bei der Renovierung 1870 vorgenommen wurde, ist nicht geklärt. Jedenfalls ist sie bedeutungsvoll, wenn man bedenkt, dass dieses Haus an der Grenze zwischen dem jüdischen Viertel und den nichtjüdischen Stadtteilen stand und zu einer Zeit erbaut wurde, als die kulturelle

commemorated by a memorial plaque on the school's façade.

Gyertyánffy House

7., Király utca/Károly körút

Here was once a house similar in size to the Orczy House. The Gyertyánffy ház quickly filled with Jewish tenants who were capable of paying higher rents than in the Orczy building.

Also located in this house was the well-known and highly frequented Café Herzl. It offered, along with coffee and cakes, a meeting place for the daily business of a great number of shadchan, Jewish marriage brokers or matchmakers. The Gyertyánffy ház became a similarly lucrative source of income for its landlords as the neighboring Orczy ház, making the two families count among the city's most powerful taxpayers.

Pekáry House

7., Király utca 47

This house was commissioned by József Pekáry, a former police officer in 1847, and was completed the following year. It is reminiscent of a large, romantic castle and was probably Király utca's most pompous building at that time.

Das Pekáry-Haus wurde 1847 erbaut und stand damals an der Grenze zwischen dem jüdischen und dem nichtjüdischen Wohngebiet. Die Frage, ob diese Lage den Architekten zur gleichzeitigen Verwendung von jüdischen Motiven und solchen der ungarischen Folklore an der Fassade motivierte, steht offen. In diesem Haus lebte auch der bekannte ungarische Literat Gyula Krúdy (1878–1933), der unter anderem *Sindbad* und *Die rote Postkutsche* verfasste.

The Pekáry House, built in 1847, stood at the time on the border between the Jewish and non-Jewish residential areas. It is not known whether this situation motivated the architect to design the façade with a combination of Jewish motifs and those from Hungarian folklore. In this house once lived the well-known Hungarian writer Gyula Krúdy (1878–1933), whose works include *Sindbad* and *The Red Mailcoach*.

Assimilierung des ungarischen Judentums voll im Gange war.

Auch im Pekáry ház befand sich lange Zeit ein Gebetsraum.

Ab dem Jahr 1899 wohnte hier der berühmteste Chronist Budapests, der bekannte Literat Gyula Krúdy (1878–1933), der sich in seinen Werken vom Charakter des Hauses und der Umgebung inspirieren ließ.

Ungarische Musikakademie
7., Király utca 64

Hier stand das ehemalige jüdische Blindeninstitut mit angeschlossener Synagoge. Davor befand sich auf diesem Grundstück die Seidenfabrik der Gebrüder Valero. In dem 1824 errichteten Gebäude im Stil des Klassizismus war die Synagoge der ersten liberalen Gemeinde von Pest zwischen 1848 und 1852 beheimatet. Ein bedeutender Rabbiner dieser Gemeinde war Ignác Einhorn (1825–1875), der als Ede Horn später politische Karriere machte und das erste jüdische Mitglied der ungarischen Regierung wurde. Einhorn trat für grundlegende Reformen religiöser Traditionen ein, unter anderem für die Einführung der ungarischen Sprache im Gottesdienst.

The façade of the house holds a puzzle: although the Star of David was set as ornamentation on the window sill both on the balcony and above the entrance, the house is guarded by two Hungarian stone soldiers. Whether this unity of Hungarian and Jewish elements holds an intended symbolic character; whether it was present in the original construction or first added during renovations in 1870, remains unknown. However, the unity is meaningful in light of the fact that this house stood on the border between the Jewish quarter and the non-Jewish parts of the city and was built at a time when the cultural assimilation of Hungarian Jews was in full swing.

A temple had also existed for many years at Pekáry ház.

From 1899, this was also home to the most famous Budapest chronicler, Gyula Krúdy (1878 to 1933), who was inspired in his work by the character of the house and its surroundings.

Hungarian Music Academy
7., Király utca 64

The former Jewish Home for the Blind once stood here and included an adjacent synagogue. Before

Ignác Goldziher (1850-1921), Linguist und Universitätsprofessor.

Ignác Goldziher (1850-1921), linguist and professor.

Goldziher-Haus

7., Holló utca 4

In der Holló utca befanden sich im 19. Jahrhundert unzählige kleine Goldschmiedwerkstätten. So auch im Goldziher ház, dem Wohnhaus des weltberühmten Orientalisten Ignác Goldziher (1850–1921).

Goldziher studierte in Budapest, Berlin und Leipzig, wurde 1872 Professor der ungarischen Universität für Geisteswissenschaft, wo er von 1905 bis zu seinem Tod kon-

that time, the silk mill of the Valero brothers had stood on this property. Built in 1824 in a classicist style, the building was home to the Pest Liberal Community's first synagogue between 1848 and 1852. An important rabbi from this community was Ignác Einhorn (1825–1875), who later went into politics as Ede Horn and became the first Jewish member of the Hungarian government. Einhorn supported fundamental changes to religious tradition, among them, the introduction of the Hungarian language into holy services.

Goldziher House

7., Holló utca 4

On Holló utca were a great number of little goldsmith shops in the nineteenth century. This was also the case at Goldziher ház, the residence of the famous Oriental studies scholar Ignác Goldziher (1850–1921).

Goldziher studied in Budapest, Berlin, and Leipzig, and in 1872 became professor at the Hungarian Humanities University, where he taught regularly from 1905 until his death. He was also a member of the Hungarian Science Academy. Between 1873 and 1894, he

tinuierlich unterrichtete, und war Mitglied der ungarischen Akademie der Wissenschaften. Zwischen 1873 und 1894 unternahm er Studienreisen nach Syrien, Palästina und Ägypten und erhielt auf dem internationalen Kongress der Orientalisten 1889 in Stockholm das goldene Ehrenzeichen der Gesellschaft. Er begründete die modernen Islamwissenschaften; sein Schwerpunkt war die Untersuchung der unterschiedlichen Ausrichtungen des Islam.

Goldziher war zeitweilig Sekretär der Pester Gemeinde und unterrichtete im Rabbinerseminar.

Sein Sohn Károly Goldziher (1881–1955) erlangte als Versicherungsmathematiker und Pionier der angewandten Mathematik internationale Bekanntheit.

Im selben Haus wohnte als Türnachbar Goldzihers jahrzehntelang der berühmte Rabbiner Samuel Kohn (1841–1920). Kohn, Autor zahlreicher Bücher über die Geschichte der ungarischen Juden, war der erste Rabbiner, der in seinen Predigten im Dohány-Tempel die ungarische Sprache verwendete.

Heute erinnern am Haus zwei Gedenktafeln an die beiden prominenten Wohnungsnachbarn.

undertook field studies in Syria, Palestine, and Egypt and received the Oriental Studies Society's honorable golden cross at their 1889 International Congress in Stockholm. He was the founder of modern Islamic studies and focused on the study of the different strains of Islam.

Goldziher was Secretary of the Pest Jewish Community several times and taught at the Rabbinical Seminary.

His son, Károly Goldziher (1881 to 1955), achieved international renown as an actuary and pioneer in the area of applied mathematics.

Goldziher's next-door neighbor over several decades in the same house was the famous Rabbi Samuel Kohn (1841–1920). Kohn authored numerous books about the history of the Hungarian Jews and was the first rabbi to use the Hungarian language during his sermons at the Dohány Temple.

Today, two memorial plaques honor these prominent neighbors.

The Synagogue at Vasvári Pál utca

7., Vasvári Pál utca 5

In 1887, an orthodox synagogue was built in the courtyard of this

Die Synagoge in der Vasvári Pál utca

7., Vasvári Pál utca 5

1887 wurde im Hof dieses Hauses eine orthodoxe Synagoge nach den Plänen von Sándor Fellner (1857–1944) errichtet. Das Bethaus diente nicht nur als Gebets- und Versammlungsort, sondern, den Vereinsstatuten entsprechend, auch als Studiumsstätte. Die für die damalige Zeit typische Backsteinfassade der Synagoge verbirgt sich hinter dem Wohnhaus. Die Frauengalerie befindet sich über den Eingang und ist über einen Treppenaufgang von außen zugänglich. Die Bimah steht den orthodoxen Traditionen gemäß in der Mitte des Raumes.

1992 übernahm die ungarische Vertretung der Lubavitcher Gemeinde die Synagoge, und sie wird von deren Mitgliedern seit der Renovierung 1993 benutzt. Die Lubavitcher Bewegung ist eine orthodoxe Vereinigung, deren Hauptanliegen die Ausbildung von Kindern und Jugendlichen darstellt.

house; the plan was drawn by Sándor Fellner (1857–1944). The synagogue was not only a place of gathering and prayer but also, in accordance with the community's statutes, a place of study. The kiln-fired brick façade of the synagogue, which was typical for buildings at the time, is hidden behind the residential building. The women's gallery is located above the entrance and is accessible from the outside by a stairway. The bimah is located at the center, in keeping with orthodox tradition.

The synagogue became the domain of the Hungarian representatives of the Lubavitch Community in 1992 and its members have used the synagogue since the completion of renovations in 1993. The Lubavitch movement is an orthodox association that aims primarily at educating children and youths.

TERÉZ
Jókai u.
Kármán u.
Eötvös u.
Szobi u.
Szondi u.
Játékszín
Weiner Leó u.
Lovag u.
Dessewffy
Zichy JenŒ u.
Jókai u.
Aradi
Eötvös u.
Kolibri Színház
Ó u.
Mozsár u.
Jókai tér
Jókai Mór
Mikroszkóp Színpad
FŒvárosi Operettszínház
M!vész Színház
Radnóti Színpad
Magyar Állami Operaház
Dalszínház
NagymezŒ
Paulay
Isk.
OPERA
Dobó u.
Vasvári Pál u.
Arany János Színház
Székely Mihály u.
Ede u.
Király u.
Kis Diófa u.

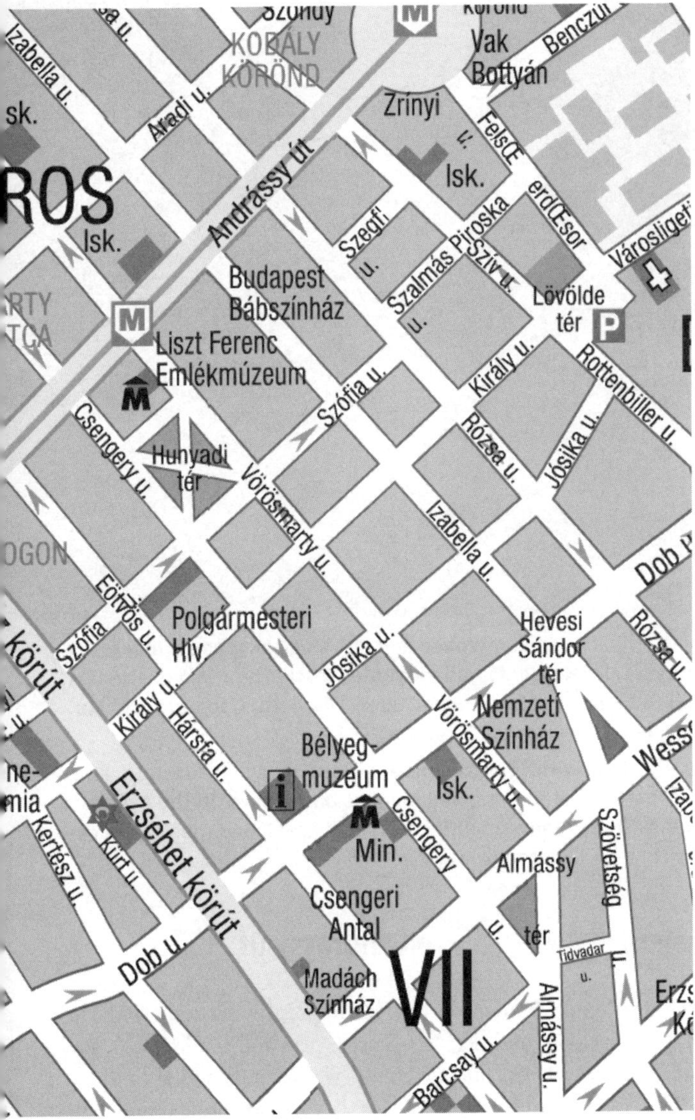

Szondy
KODÁLY KÖRÖND
Vak Bottyán
Benczúr
Izabella u.
Aradi u.
Zrínyi u.
Felső erdősor
Isk.
ROS
Andrássy út
Szegfű u.
Piroska
Városliget
Budapest Bábszínház
Szalmás Piroska u.
Szív u.
Lövölde tér
Liszt Ferenc Emlékmúzeum
Király u.
Rottenbiller u.
Szófia u.
Csengery u.
Rózsa u.
Hunyadi tér
Jósika u.
Vörösmarty u.
Izabella u.
Dob u.
Eötvös u.
Polgármesteri Hiv.
Hevesi Sándor tér
Szófia
Jósika u.
Rózsa u.
körút
Király u.
Nemzeti Színház
Hársfa u.
Vörösmarty u.
Wesselényi
Bélyeg-muzeum
Isk.
Erzsébet körút
Csengery
Min.
Szövetség
Kertész u.
Kürt u.
Almássy
Csengeri Antal
u.
tér
Tidvadar u.
Dob u.
VII
Madách Színház
Almássy u.
Barcsay u.

Andrássy út: Neben der Staatsoper und der Musikakademie finden sich hier viele Cafés, Restaurants und elegante Geschäfte. Abends erinnert das Viertel mit seinen zahlreichen kleinen Theatern, Cabarets und Musiklokalen an den New-Yorker Broadway.

Andrássy út: Along with the city opera and the music academy, it also holds many cafés, restaurants, and elegant businesses. In the evenings, the quarter, with its many small theaters, cabarets, and music venues, resembles New York's Broadway.

Andrássy út

Dieser beeindruckende Straßenzug – mit der Staatsoper und der Musikakademie – wurde vor kurzem zum Teil des Weltkulturerbes erklärt. Die Entwicklung der

Andrássy út

This impressive avenue—with the State Opera and the Music Academy—was recently added to the world's cultural heritage sites. The boulevard Andrássy út developed

Andrássy út - die Prachtstraße in vergangenen Tagen.
Andrássy út—the magnificent street in former times.

Prachtstraße Andrássy út verlief parallel zur Entstehung der Ringstraße in Wien ab Ende des 19. Jahrhunderts. Dort wie hier waren unter den Besitzern der großen Palais und herrschaftlichen Wohnungen viele jüdische Geschäftsmänner, Industrielle und Banker. Diese waren assimilierte Juden, die sich primär als Bürger der österreichisch-ungarischen Monarchie und erst an zweiter Stelle als Juden verstanden.

Palais Wahrmann
6., Andrássy út 23

Besitzer dieses Palais war der Industrielle Mór Wahrmann (1832 bis 1892). Sein Großvater Israel ben Salomon Wahrmann, der erste Oberrabbiner Budapests, galt als Integrationsfigur der jüdischen Gemeinde von Pest. Mór Wahrmann übernahm nach seinem Studium die Leitung des Großhandels seines Vaters Mayer Wolf Wahrmann und machte schnell Karriere. Er wurde zum Präsidenten der Handelskammer und der Industrievereinigung gewählt. Nach dem politischen Ausgleich mit Österreich ging er in die Politik und war von 1869 bis zu seinem Tode der erste Abgeordnete

parallel to Vienna's Ring Street at the end of the nineteenth century. Many Jewish businessmen, industrialists, and bankers were among the owners of large palaces and majestic apartments on both avenues. They were assimilated Jews, who thought of themselves first as citizens of the Austro-Hungarian Empire, and only then as Jews.

Wahrmann Palace
6., Andrássy út 23

The owner of this palace was the industrialist Mór Wahrmann (1832–1892). His grandfather, Israel ben Salomon Wahrmann, Budapest's first head rabbi, was considered the integrating figure in the Jewish Community in Pest. After his studies, Mór Wahrmann took over the management of the wholesale business of his father, Mayer Wolf Wahrmann, and quickly made a career for himself. He was elected president of the Chamber of Commerce and the Industrial Union. After the political settlement with Austria, he entered politics and from 1869 until his death, was the first Jewish member of the Hungarian parliament. From 1883 to 1892, he managed the fate of the Budapest

zum ungarischen Parlament mit jüdischer Abstammung. Von 1883 bis 1892 leitete er als gewählter Vorsteher die Geschicke der Budapester Gemeinde.

Warenhaus Párisi
6., Andrássy út 39

In Anbetracht der Pracht dieses Hauses ist es kaum vorstellbar, dass seine Geschichte in einem kleinen Textilladen in unmittelbarer Nähe begann. Das kleine Geschäft des Sámuel Goldberger – aus der Textilfamilie Goldberger – wuchs schnell und beschäftigte bald über 100 Angestellte. Als das bereits vergrößerte Geschäftlokal 1903 durch ein Feuer verwüstet wurde, begann Sámuel Goldberger 1909 nach einer kurzen Erholungsphase mit der Planung eines großen Warenhauses nach westlichem Muster. Der Architekt Zsigmond Sziklai ließ sich vom Warenhaus Bon Marché in Paris inspirieren, daher auch der Name Párisi. Goldberger wollte seinen Kunden nicht nur elegante Geschäfte, sondern auch Unterhaltung bieten. So entstand im obersten Stock ein Restaurant für 400 Gäste, wo man im Sommer einen herrlichen Ausblick auf die ganze

Mór Wahrmann (1832–1892), neben seiner erfolgreichen Geschäftstätigkeit der erste jüdische Parlamentsabgeordnete, bekleidete für einige Jahre das Amt des Präsidenten der Gemeinde von Pest, deren erster offizieller Rabbiner sein Großvater Israel Salomon Wahrmann gewesen war.

Mór Wahrmann (1832–1892), along with his successful business dealings, was the first Jewish parliamentary member, and for several years President of the Jewish Community of Pest, whose first official rabbi had been his grandfather, Rabbi Israel Salomon Wahrmann.

Das Warenhaus Párisi, erbaut von Sámuel Goldberger 1911, erinnert an das berühmte Pariser Kaufhaus Bon Marché.

The department store Párisi–built by Sámuel Goldberger in 1911–is reminiscent of the famous Parisian department store, Bon Marché.

Stadt genießen konnte. Im Winter kosteten große und kleine Kunden die Vorzüge einer künstlichen Eislaufbahn aus.

Nach 1946 wurde das Warenhaus verstaatlicht und vorübergehend

Jewish Community as its elected leader.

Párisi Department Store

6., Andrássy út 39

In light of the splendor of this building, it is hard to imagine that its history began in a small textile shop nearby. The little shop of Sámuel Goldberger—from the Goldberg textile family—grew quickly and soon employed more than 100 workers. The shop was expanded, but was subsequently destroyed by a fire in 1903. In 1909, after a short recovery period, Sámuel Goldberger began to plan his huge department store based on western models. The architect Zsigmond Sziklai was inspired by the Bon Marché department store in Paris, hence the name Párisi. Goldberger wanted to offer his customers not only elegant shops, but also entertainment. Therefore, he built a restaurant for 400 guests on the top floor. In the summer, it was possible to enjoy a splendid view of the entire city. In the winter, customers young and old could enjoy the benefits of an ice-skating rink.

After 1946, the department store was nationalized and temporarily

als Lagerhalle benutzt, später erneut als Einkaufszentrum. Das Haus verfiel jedoch zunehmend; 1999 schloss es endgültig seine Pforten. Die Zukunft des Párisi ist ungewiss, doch existieren Pläne, das ehemalige Warenhaus in ein Museum umzuwandeln.

Palais Goldberger

6., Andrássy út 41

Die Familie Goldberger war eine alteingesessene Industriellenfamilie in Budapest. Leó Goldberger (1878–1945) war Generaldirektor der Goldberger-Textilfabrik in Óbuda und ging als Erneuerer der ungarischen Textilindustrie in die Geschichte ein. Er bekleidete mehrere hohe Posten in verschiedenen Industrievereinigungen, in der Handelsbank und in der Kammer für Außenhandel. Im Jahr 1935 wurde er Mitglied des Oberhauses. Als seine Familie 1944 nach Portugal flüchtete, folgte er ihr nicht; er wurde ins Konzentrationslager Mauthausen deportiert, wo er einige Tage nach der Befreiung an den Folgen von Hunger und Folter starb.

Leós Vetter Sámuel errichtete das erste große Warenhaus Budapests, das oben erwähnte Párisi.

used as a storage depot, later as a shopping center. However, the building deteriorated steadily; in 1999, it finally closed its doors. The future of Párisi is uncertain, yet there are plans to transform the former department store into a museum.

Goldberger Palace

6., Andrássy út 41

The Goldberger family was one of the old, established industrial families in Budapest. Leó Goldberger (1878–1945) was the general director of the Goldberger textile factory in Óbuda and went down in history for reviving the Hungarian textile industry. He filled several top positions in various industrial unions, in the merchant bank, and in the office of foreign trade. In 1935, he became a parliamentary member of the upper house.

When his family fled to Portugal in 1944, he did not follow them. He was deported to the concentration camp Mauthausen. A few days after the liberation of the camp, he died as a result of starvation and torture.

His cousin, Sámuel Goldberger, built the first major department

Café Japán

6., Andrássy út 45

Hier befand sich einst das Kaffeehaus Japán, eines der berühmten Künstlercafés in Budapest. 1890 gegründet, erlebte es seine Blütezeit zwischen 1928 und 1942. Seinen Namen erhielt das Café aufgrund der bunt bemalten Keramikfliesen an den Wänden.

Im Japán verkehrten zahlreiche bekannte Maler, Literaten und Schauspieler, Journalisten, Kabarettisten und andere Vertreter des intellektuellen und kulturellen Lebens. Die Maler József Rippl-Rónai und Pál Szinyei-Merse gründeten hier mit anderen die Vereinigung der ungarischen Impressionisten und Naturalisten.

Eine Anekdote aus der Zeit Menyhért Kraszners, des erfolgreichsten Pächters, erzählt vom so genannten „Korrektur“-Kaffee: Hatten Kraszners weniger begüterte Gäste ihre Tassen bis auf einige wenige Schlückchen Kaffee geleert, durften sie eine „Korrektur“ Milch erbitten – und dann eine „Korrektur“ Kaffee. So konnten auch diese Gäste den ganzen Tag Kaffee trinken: Sie bestellten zwar nur eine Tasse, „korrigierten“ diese jedoch regelmäßig.

store in Budapest, the Párisi, described above.

Café Japán

6., Andrássy út 45

Here was once the site of Café Japán, one of Budapest's famous artist cafés. Founded in 1890, it had its heyday between 1928 and 1942. The café was given its name because of the colorfully painted ceramic tiles on the walls.

Numerous well-known painters, literary figures, and actors, journalists, cabaret artists, and other intellectual and cultural figures frequented Café Japán. The painters József Rippl-Rónai and Pál Szinyei-Merse, among others, founded here the Association of Hungarian Impressionists and Naturalists.

An anecdote from the era of Menyhért Kraszner, the most successful leaseholder, tells of the so-called "correction" coffee: if Kraszner's less affluent guests had emptied their cups down to a few small sips of coffee, they could ask for a milk "correction"—and then a coffee "correction." This enabled even these guests to drink coffee all day: they only ordered one cup, but "corrected" it regularly.

An der Stelle des Japán befindet sich heute die Autorenbuchhandlung, einer der erfolgreichsten Buchläden der Stadt. Hier finden regelmäßig Diskussionen und Buchpräsentationen statt, bei denen nach alter Tradition des Lokals Kaffee ausgeschenkt wird. Eine Tafel über der Kassa erinnert an das Café Japán und dessen bekannteste Gäste.

Ernst Múzeum
6., Nagymezö utca 8

Das Museum wurde 1912 von Lajos Ernst (1872–1937) gegründet, der für seine umfangreiche Sammlung vor allem moderner ungarischer Malerei einen angemessenen Rahmen bieten wollte. Ernst war ein leidenschaftlicher Kunstsammler, Verfasser mehrerer Werke über Kunst und Kunstgeschichte und beliebter Stammgast im Künstlercafé Japán. Das Ernst-Museum, nahe dem Japán, war mehr als ein Museum. Das Gebäude selbst wurde von bekannten Künstlern wie Ödön Lechner und József Rippl-Rónai mitgestaltet. Neben den Ausstellungsräumen befanden sich auch Wohnungen und Ateliers im Haus, und Ernst etablierte die

Das Café Japán, im Jahr 1890 gegründet, erhielt seinen Namen aufgrund der charakteristischen Wandfliesen mit fernöstlichen Bildern. Es wurde besonders von Künstlern, Journalisten und Literaten gerne und häufig frequentiert. Heute befindet sich hier die Autorenbuchhandlung, die ebenfalls einen beliebten Treffpunkt der Budapester Intellektuellen darstellt.

Café Japán, founded in 1890, was named after its wall tiles, which featured pictures of the Far East. It was a favorite among artists, journalists, and writers. Today, the "Author's Bookshop" is located here, which is also a meeting place for Budapest's intellectual scene.

erste Galerie für moderne Kunst in Budapest. Die namhaftesten Maler des Landes stellten hier aus, unter anderem fand hier auch die erste posthume Schau von Lajos Gulácsy statt.

Ernst konnte trotz seines Erfolges die Auswirkungen der Weltwirtschaftskrise nicht verkraften und nahm sich 1937 das Leben.

Große Teile seiner Sammlung gingen in den Besitz des Magyar Nemzeti Múzeum (des ungarischen Nationalmuseums) und des Szépmüvészeti Múzeum (des Museums der schönen Künste) über.

Im Ernst-Museum wurde 2000 eine gemeinnützige Institution etabliert, die einerseits kunsthistorische Ausstellungen in den eigenen Räumlichkeiten zeigt, andererseits ost- und mitteleuropäische Kunst ausstellt. Die Organisatoren sind der Tradition des Hauses verpflichtet und sehen sich als Plattform junger, moderner Kunst in einem zusammenwachsenden Europa.

Synagoge in der Dessewffy utca

6., Dessewffy utca 23

Diese Synagoge steht im Schatten der prunkvollen Andrássy út. Ähn-

Found today at the site of former Café Japán is the one of the most successful bookshops in the city. Regular discussions and book presentations take place here, and coffee is served in the old café tradition. A sign above the cash register pays tribute to the Café Japán and its most famous guests.

Ernst Múzeum

6., Nagymezö utca 8

The museum was founded in 1912 by Lajos Ernst (1872 to 1937), who wanted to offer an adequate framework for his extensive collection comprising mainly modern Hungarian paintings. Ernst was a passionate art collector. He wrote several works on art and art history, and was a well-loved regular at the artist's Café Japán. The Ernst Museum, near Japán, was more than a museum. Well-known artists such as Ödön Lechner and József Rippl-Rónai were involved in designing the building. In addition to the exhibition rooms, there were also apartments and studios in the house, and Ernst established the first gallery for modern art in Budapest. The country's most famous painters exhibited here, and

lich standen auch die Gläubigen, für die sie eingerichtet wurde, zumindest ökonomisch im Schatten der wohlhabenden Besitzer der Andrássy-Villen.

Ursprünglich waren in diesem Haus die Stallungen eines Fuhrunternehmers untergebracht. Das im Hof stehende Gebäude wurde 1870 zur Synagoge umgebaut, um die Bedürfnisse der in der Umgebung lebenden Dienstleute, Fuhrleute und Kutscher zu erfüllen. Die Synagoge wurde später vom Wohltätigkeitsverein Bikur Cholim übernommen und weiter ausgebaut. Sie ist heute noch immer in Betrieb und wird von orthodoxen Gläubigen benutzt.

Das „Üvegház" („Glashaus")

5., Vadász utca 29

Das Haus war Firmensitz des Glasherstellers und -großhändlers Weiss. Gyula Weiss und sein Sohn Arthur ließen das Haus nach einem Brand als modernes Geschäftshaus neu errichten. Sie beauftragten Lajos Kozma, den wohl bedeutendsten Architekten seiner Zeit, der ein Haus entwarf mit zwei Glasfronten, bunten Marmorwänden und riesigen Spiegeln im Treppenhaus – Glas

it was also the site of the first posthumous showing of Lajos Gulácsy.

Despite his success, Ernst was not able to come to terms with the results of the economic crisis and committed suicide in 1937. Ownership of a large part of his collection was transferred to the Magyar Nemzeti Múzeum (the Hungarian National Museum) and the Szépmüvészeti Múzeum (Museum of Fine Arts).

A non-profit institution was established in the Ernst Museum in 2000 which on the one hand shows art historical exhibitions on their own premises, and on the other, exhibits art from eastern and central Europe. The organizers are dedicated to the tradition of the house and see themselves as a platform for contemporary art in a merging Europe.

Synagoge on Dessewffy utca

6., Dessewffy utca 23

This synagogue stands in the shadow of the majestic Andrássy út. And likewise, also the worshippers for whom it was built, stood in the shadow (at least economically) of the wealthy owners of the Andrássy villas.

Warten auf die Rettung. Der Fabrikant Arthur Weiss stellte sein „Glashaus" dem Schweizer Botschafter Carl Lutz für dessen Hilfsaktionen zur Verfügung. Lutz und seine Mitarbeiter retteten während der deutschen Besatzung 1944/45 tausenden Verfolgten mithilfe von Schutzbriefen das Leben.

Waiting for salvation. The manufacturer Arthur Weiss made his "Glass House" available to the Swiss Ambassador Carl Lutz for his acts of salvation. During the German occupation in 1944/45, Lutz and his assistants were able to save thousands of lives by issuing protection letters.

und Glasprodukte, wo man hinschaute.

Ende 1944 wurde dieses im wahrsten Sinne des Wortes schillernde Kunstwerk Schauplatz von Leid und dunkler Hoffnungslosigkeit. Arthur Weiss stellte seinen

The building originally housed a hauling company and contained stables. The building in the courtyard was rebuilt as a synagogue in 1870 to fill the needs of the service personnel, transport workers, and coach drivers. The synagogue

Firmensitz der Schweizer Botschaft zur Verfügung. Der Botschafter Carl Lutz organisierte von hier aus seine Rettungsaktionen.

Das Haus wurde zum Zentrum der Judenrettung, wo die Verfolgten neben lebensrettenden Dokumenten auch Unterschlupf bekommen konnten. Diese Rettungsaktion wurde von der zionistischen Bewegung mitorganisiert. Ziel war es unter anderem – wie auch bei weiteren Rettungsaktionen –, die Menschen aus den „Judenhäusern" zu holen und sie unter den Schutz eines neutralen Landes zu stellen.

Das Haus war vom Keller bis zum Dach voll mit Menschen, und viele standen in Trauben auf der Straße in der Hoffnung, noch hineinkommen zu können, bevor sie von Faschisten ermordet oder verschleppt würden.

Mehr als 50 Menschen arbeiteten im Haus für die Rettung der Verfolgten; sie schwärmten in die ganze Stadt aus und versuchten zu helfen, wo sie konnten.

Die Pfeilkreuzler versuchten, die Bewohner und die Wartenden vor dem Haus immer wieder zu schikanieren und zu überfallen, was ihnen oft genug gelang. Rechtlich konnten sie nichts tun, denn diese

was later taken over by the charitable association Bikur Cholim and further expanded. Today it is used by orthodox worshipers.

The "Üvegház" ("Glass house")
5., Vadász utca 29

This building was the company headquarters of the Weiss glass manufacturer and wholesaler. After a fire, Gyula Weiss and his son Arthur had the house rebuilt as a modern office building. They contracted Lajos Kozma, probably the most famous architect of the era, who designed a building with two glass fronts, colorful marble walls, and huge mirrors in the stairway—everywhere you looked were glass and glass products.

At the end of 1944, this artwork, shimmering in every sense of the word, was the site of suffering and deep hopelessness. Arthur Weiss placed his company headquarters at the disposal of the Swiss Embassy. Ambassador Carl Lutz (1895–1975) used the building as a base for his rescue operations.

The building became the center for the rescue of the Jews where the persecuted could receive both

Menschen standen unter dem Schutz der Schweizer Botschaft. In den letzten Tagen des Jahres 1944 wurden bei einem dieser Überfälle 600 Menschen verschleppt. Auf dem Weg zum Donauufer, wo regelmäßig Menschengruppen mit Schüssen ins Wasser getrieben wurden, intervenierte der wutentbrannte Arthur Weiss und wies auf die Rechte dieser Menschen mit Schweizer Papieren hin. Die Pfeilkreuzler gaben ihr Vorhaben schließlich auf und ließen die 600 Gefangenen wieder frei. Am nächsten Tag wurde Weiss aus dem Haus geholt und zum Ufer geführt. Er konnte nicht mehr gerettet werden.

Das „Üvegház" hat wenig von seiner Geschichte bewahrt. Der Glanz von einst ist verschwunden. An die Rolle als Zufluchtsort der Hoffnungslosen erinnern zwei Gedenktafeln.

Ungarische Akademie der Wissenschaften, Bibliothek

5., Roosevelt tér 9, Arany János utca 1

Diese Bibliothek ist ein wissenschaftlicher Wallfahrtsort für Judaisten und Orientalisten aus aller Welt geworden, denn den

shelter as well as life-saving documents. This rescue operation was co-organized by the Zionist movement. One of the goals, as with further rescue operations, was to get people out of the "Jewish houses" and put them under the protection of a neutral country.

The building was packed with people from the basement to the attic, and many stood in bunches on the street with the hope of being able to come inside before they were murdered or dragged away by the fascists.

More than fifty people worked in the house in the attempt to rescue the victims of persecution and from here, they pushed forward into the entire city to help wherever possible.

The Arrow Cross repeatedly harassed and attacked the residents as well as those waiting in front of the house, and were often successful. Legally they were not allowed to do anything as the people were under the protection of the Swiss Embassy. But in the final days of 1944, 600 people were dragged away in one of these attacks. On the way to the shores of the Danube, where people were regularly driven into the water by

Kern ihrer großen Orientsammlung bildet der Nachlass des David Kaufmann (1852–1899).

Kaufmann war der bekannteste Orientforscher in einer langen Reihe international bekannter ungarisch-jüdischer Orientalisten wie etwa Ármin Vámbéry (1832 bis 1913), Vilmos Bacher (1850 bis 1913), Ignác Goldziher (1850 bis 1921) oder Gyula Germanus (Abdul Karím al-Hadzs, 1884 bis 1979).

Kaufmanns Sammlung umfasst unzählige Manuskripte, religionsphilosophische Werke und rabbinische Schriften. Es sind hier alle jüdischen Literaturgattungen des Mittelalters vertreten, was eine unerschöpfliche Forschungsmöglichkeit für Wissenschaftler darstellt. Kaufmann selbst konnte zu Lebzeiten die Sammlung nicht komplett erfassen; erst 1906 vollendete Miksa Weisz den Katalog.

In dieser Sammlung befindet sich auch die Budaer Chronik *Megillat Ofen*. Sie erzählt die Geschichte der Juden von Buda während der türkischen Besetzung und von den grausamen Morden der österreichischen Truppen. Diese setzten im Jahr 1686, unmittelbar nach der Vertreibung

gunshots, the infuriated Arthur Weiss intervened and pointed out the rights of these people with Swiss papers. The Arrow Cross finally abandoned their mission and set the 600 prisoners free. The following day, Weiss was taken from the house and led to the shore where he was murdered by the Arrow Cross.

Little of the history of the "Üvegház" has been preserved. Its past brilliance has faded away. Two memorial plaques commemorate its role as a refuge for those without any hope left.

Hungarian Academy of the Sciences, Library

5., Roosevelt tér 9, Arany János utca 1

This library has become a scientific Mecca for scholars of Jewish and Oriental Studies from around the world, as the estate of David Kaufmann (1852–1899) forms the core of its huge Orient collection.

Kaufmann was the most famous researcher of the Orient in a long line of internationally famous Jewish-Hungarian Orientalists such as, Ármin Vámbéry (1832 to 1913), Vilmos Bacher (1850 to 1913), Ignác Goldziher (1850 to

der osmanischen Besatzer, die Synagoge von Buda, in der sich die jüdische Gemeinde versteckt hielt, in Brand.

Neben der Kaufmann-Sammlung befinden sich in der Bibliothek auch große Teile der Ignác-Goldziher-Korrespondenz sowie die Sammlung des ehemaligen Oberrabbiners und Rektors des Rabbinerseminars Sándor Scheiber (1913–1985).

Auf dem begrünten Platz vor der Akademie, zu Füßen der wunderschönen Kettenbrücke, steht eine Bronzestatue des Grafen István Széchenyi (1791–1860), des Initiators der Kettenbrücke und Mitbegründers der Akademie. Széchenyi war der wichtigste Vordenker und Vorantreiber der liberalen Reformbewegung Ungarns in der ersten Hälfte des 19. Jahrhunderts. Er war unter anderem Gründer und Mitglied der ungarischen Akademie der Wissenschaften. Die Errichtung der Kettenbrücke, der ersten dauerhaften Verbindung zwischen Buda und Pest, geht ebenfalls auf Széchenyi zurück, der durch die Vereinigung der beiden Stadthälften die Aufwertung zur ungarischen Hauptstadt erreichen wollte.

1921), and Gyula Germanus (Abdul Karím al-Hadzs, 1884–1979).

Kaufmann's collection comprises innumerable manuscripts, works of religious philosophy, and rabbinical writings. All Jewish literary genres of the Middle Ages are represented here, presenting scientists with inexhaustible research possibilities. Kaufmann was unable to document his collection in its entirety during his lifetime; Miksa Weisz first completed the catalogue in 1906.

Also found in this collection is the chronicle of Buda/Ofen, the *Megillat Ofen* (The storming of Ofen). It tells the story of the Jews of Buda during the Turkish occupation in the seventeenth century and of the dreadful murders by the Austrian troops. In 1686, immediately after the expulsion of the Ottoman occupiers, they set fire to the synagogue in Buda, where the Jewish community was in hiding.

In addition to the Kaufmann collection, also found in the library is the majority of the Ignác-Goldziher correspondence as well as the collection of the former head rabbi and director of the Rabbinical Seminary, Sándor

David Kaufmann (1852–1899), Historiker und Religionswissenschaftler, unterrichtete von 1877 bis zu seinem Tod am Rabbinerseminar in Budapest. Seine wertvolle und weltweit einzigartige Sammlung alter jüdischer Schriften, die auch heute noch eine Forschungsgrundlage für Orientalisten und Judaisten aus aller Welt darstellt, vermachte Kaufmanns Familie der ungarischen Akademie der Wissenschaften.

David Kaufmann (1852–1899), historian and religious studies scholar, taught from 1877 until his death at the Rabbinical Seminary in Budapest. His valuable collection of antique Jewish manuscripts was unique in the world. Kaufmann's family donated the collection to the Hungarian Academy of Sciences. The collection still remains a fundamental base for research for Oriental Studies and Judaism scholars throughout the world.

Exlibris von Ignác Goldziher.
Exlibris from Ignác Goldziher.

Die Bronzestatue wurde 1880 von József Engel (1811–1901) geschaffen. Engel stammte aus einer streng religiösen jüdischen Familie und sollte wie sein Vater Rabbiner werden. Er entschied sich jedoch für eine weltliche Laufbahn und ging nach Wien und London, wo er bald als Bildhauer bekannt

Scheiber (1913–1985). On the green square in front of the academy, at the foot of the beautiful Chain Bridge, is a bronze statue of Count István Széchenyi (1791 to 1860), the initiator of the Chain Bridge and a co-founder of the academy. Széchenyi was the most important early thinker and proponent of Hungary's liberal reform movement in the first half of the nineteenth century. Among other things, he was a founder and member of the Hungarian Academy of Sciences. The building of the Chain Bridge, the first permanent connection between Buda and Pest, can also be attributed to Széchenyi, who wanted to enhance the Hungarian capital by uniting the two halves of the city.

József Engel (1811–1901) created the bronze statue in 1880. Engel came from a deeply religious Jewish family and was meant to follow his father's footsteps and become a rabbi. However, he decided to follow a secular career and went to Vienna and London, where he soon earned fame as a sculptor. He came back to Budapest to participate in the competition for the Széchenyi statue, which he promptly won. After its

wurde. Nach Budapest kam er zurück, um am Wettbewerb für die Széchenyi-Statue teilzunehmen, den er prompt gewann. Sein Werk wurde nach der Enthüllung Gegenstand harscher zeitgenössischer Kritik, und Engel bekam nie wieder einen öffentlichen Auftrag in Ungarn.

Die Figuren um Széchenyi stellen die römischen Gottheiten Minerva, Vulcanus, Neptun und Ceres dar – eine charakteristische Symbolik des Klassizismus.

unveiling, his work was subject to harsh critique by his contemporaries and Engel was never again granted a public contract in Hungary. The figures around Széchenyi depict the Roman gods Minerva, Vulcan, Neptune, and Ceres—characteristic classicist symbolism.

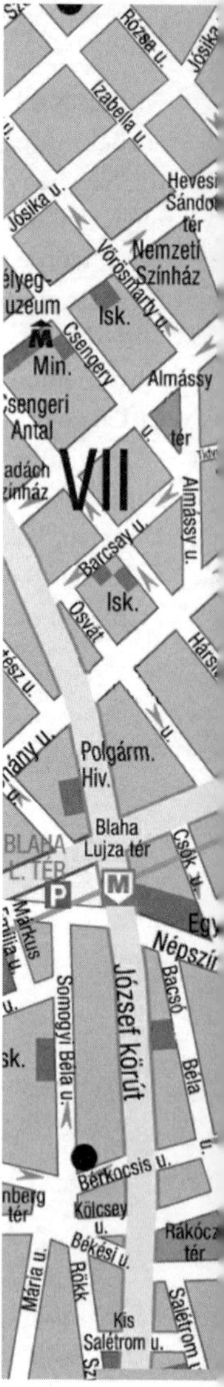

Rózsa u.
Izabella u.
Jósika u.
Nemzeti Színház
Vörösmarty u.
Isk.
Csengery u.
Min.
Antal
Almássy tér
VII
Almássy u.
Barcsay u.
Isk.
Osvát
Polgárm. Hiv.
Blaha Lujza tér
Csók u.
Márkus
József körút
Bacsó Béla u.
Somogyi Béla u.
Bérkocsis u.
Kölcsey u.
Békési u.
Rákóczi tér
Mária u.
Kis Salétrom u.

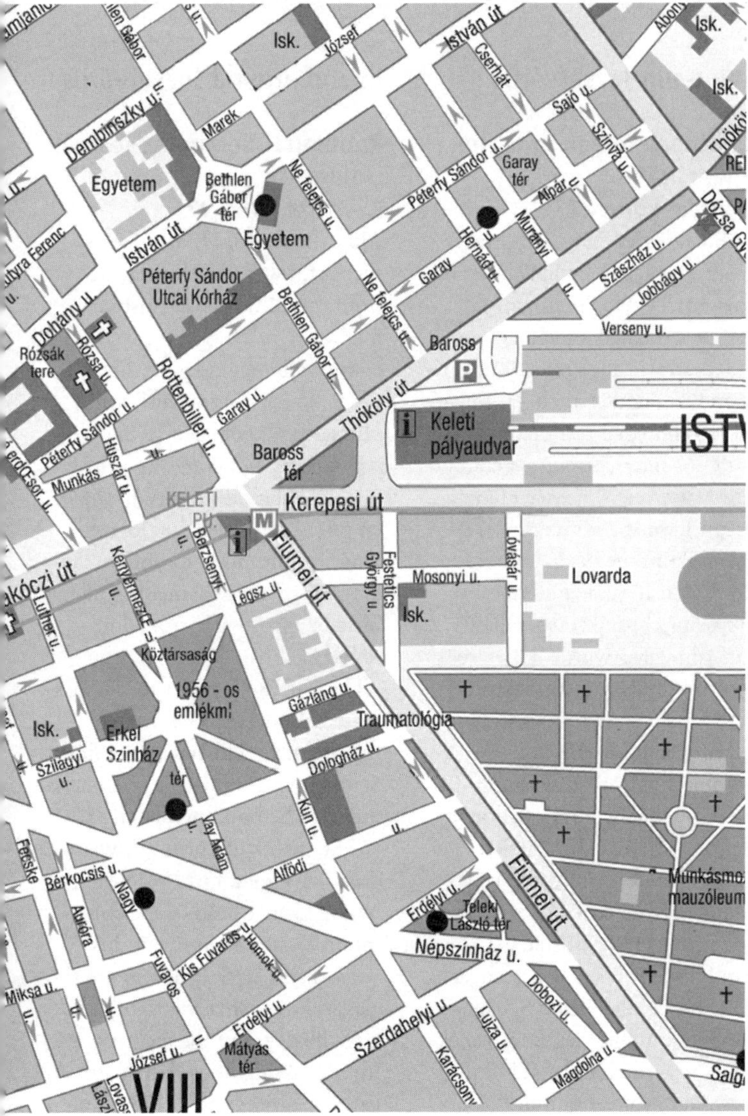
Isk.
József
István út
Cserhát
Isk.
Dembinszky u.
Marek
Sajó u.
Szinva u.
Thököly
Egyetem
Bethlen Gábor tér
Egyetem
Ne felejcs u.
Péterfy Sándor u.
Garay tér
Alpár u.
Dózsa Gy.
István út
Hernád u.
Murányi
Százház u.
Péterfy Sándor Utcai Kórház
Garay
Jobbágy u.
Dohány u.
Bethlen Gábor u.
Ne felejcs u.
Verseny u.
Rózsák tere
Rózsa u.
Rottenbiller u.
Baross
P
Garay u.
Thököly út
Keleti pályaudvar
ISTV
Péterfy Sándor u.
Huszár u.
Munkás
Baross tér
KELETI PU.
Kerepesi út
M
Rákóczi út
Kenyérmező u.
Berzsenyi u.
Fiumei út
Festetics György u.
Mosonyi u.
Lóvásár u.
Lovarda
Luther u.
Légsz. u.
Isk.
Köztársaság
1956 - os emlékm!
Gázláng u.
Traumatológia
Isk.
Erkel Szinház
Szilágyi u.
tér
Dologház u.
Kun u.
u.
Vay Ádám u.
Fecske
Bérkocsis u.
Alföldi
Nagy
Auróra
Erdélyi u.
Teleki László tér
Fiumei út
Munkásmo. mauzóleum
Népszínház u.
Kis Fuvaros u.
Homok u.
Fuvaros
Miksa u.
Dobozi u.
Szerdahelyi u.
Erdélyi u.
Lujza u.
Mátyás tér
József u.
Karácsony
Magdolna u.
Salg
VIII

In und um Józsefváros

Rabbinerseminar, jüdische Universität

8., József körut 27

Nach Ende des Sezessionskrieges Ungarns gegen die allmächtige österreichische Monarchie im Jahr 1849 wurde die Gemeinde von Budapest, wie alle anderen ungarischen Gemeinden auch, zu Reparationszahlungen verpflichtet – die Strafe für ihre Untreue gegenüber dem Kaiserreich. Kaiser Franz Joseph I. versprach jedoch, die gesamte Summe nach Abzahlung aller Raten für eine jüdische Bildungseinrichtung zu spenden.

Im Jahr 1877 wurde daher, sehr zum Missfallen der Budapester Orthodoxie, ein liberales Rabbinerseminar in der Bérkocsis utca Nummer 2 eröffnet. Das unmittelbar anschließende Gebäude in der József körút 27 wurde erst gut 40 Jahre später vom damaligen Gemeindevorsteher József Freund und seiner Frau gestiftet.

Im hinteren Haus befinden sich die Lehrsäle, die kleine Synagoge, eine große Bibliothek und das Archiv. Im vorderen Haus sind die Verwaltungsbüros und das Kollegium untergebracht.

In and around Józsefváros

Rabbinical Seminary, Jewish University

8., József körut 27

After the end of Hungary's unsuccessful war of independence from the all-powerful Austrian monarchy in 1849, the Jewish community of Budapest, like all other Jewish communities in Hungary, was obliged to make reparation payments—as punishment for their disloyalty to the empire. Emperor Franz Joseph I, however, promised to donate the entire sum after payment of all installments to a Jewish educational facility.

Thus in 1877, much to the dismay of Budapest's Orthodox Community, a liberal Rabbinical Seminary was opened at Bérkocsis utca 2. The building directly adjacent, at József körút 27, was donated a good forty years later by the former head of the community József Freund and his wife. In the back building are the classrooms, a small synagogue, a large library, and the archives; the front building houses the administrative offices and the teaching staff.

1877 wurde das Rabbinerseminar eröffnet. Diese in Europa einzigartige Institution erfüllt bis heute ihre Aufgabe als internationale Bildungsstätte – unter anderem für Rabbiner, Religionslehrer, Religions- und Sprachwissenschaftler.

The rabbinical seminary was opened in 1877. This institution, unique in Europe, still serves as an international educational institution for rabbis, religion instructors, and religion and language scholars, among others.

Die Bibliothek, deren Grundstock die riesige Sammlung des Rabbiners von Padua Lelio della Torre (1805–1871) bildet, umfasst eine einzigartige Sammlung mittelalterlicher Schriften, außergewöhnlicher Talmudausgaben, wertvoller Kommentare und bedeutender wissenschaftlicher Werke.

Sie ist eine der größten und eindrucksvollsten Judaicasammlungen in Mitteleuropa. Diese Tatsache wurde der Bibliothek auch zum Verhängnis. Als Adolf Eichmann 1944 die Vernichtungsmaschinerie in Budapest beaufsichtigte, plünderte er persönlich die Bibliothek, offenbar um deren Schätze im geplanten „Museum der ausgestorbenen Rasse“ in Prag auszustellen. Erst 1989 gelangten Teile der geraubten Bestände zurück nach Budapest.

Nach der deutschen Besetzung im Winter 1944 wurde im Rabbinerseminar ein Internierungslager eingerichtet. Von hier aus wurden die Menschen dann in die Konzentrationslager in Österreich und Polen deportiert.

Die kleine Synagoge im Haus und der Festsaal wurden um die politische Wende von 1989 zum Treffpunkt junger Menschen, die

The library, based on the huge collection from the Padua rabbi Lelio della Torre (1805–1871), comprises a unique collection of medieval writings, unusual Talmud editions, valuable commentaries, and important scientific works. It is thereby one of the largest and most impressive Judaica collections in central Europe.

This fact also became the library's undoing. When Adolf Eichmann supervised the machines of destruction in 1944 in Budapest, he personally raided the library, apparently hoping to exhibit its treasures in the planned "museum of the extinct race" in Prague. It was only in 1989 that a portion of the plundered items found their way back to Budapest.

After the German occupation began in winter 1944, an internment camp was set up in the Rabbinical Seminary; people were deported from there to concentration camps in Austria and Poland.

During the political transition in 1989, the little synagogue in the building and the ballroom became a meeting place for young people who, under the cautious guidance of József Schweitzer, rediscovered their Jewish roots. The head rabbi,

unter der behutsamen Leitung von József Schweitzer ihre jüdischen Wurzeln wieder entdeckten. Der mittlerweile pensionierte Oberrabiner, der auch langjähriger Rektor des Seminars war, machte sich nicht nur als Wissenschaftler einen Namen, sondern auch als Integrationsfigur der jüdischen Gemeinde auf dem Weg zu einem neuen Selbstverständnis.

Plätze und Märkte

Um 1900 wurde das Viertel um das Orczy-Haus für die rasant wachsende jüdische Bevölkerung zu eng. Hinzu kam die Herausbildung eines assimilierten jüdischen Bürgertums, das die geografische und Eingeschlossenheit früherer Generationen überwinden wollte. Diesen Notwendigkeiten und Bedürfnissen kamen die örtliche Vergrößerung und die architektonische Entfaltung des Stadtgebietes sehr entgegen.

Dadurch bot sich in dieser Zeit vielen Menschen die Möglichkeit, das traditionelle jüdische Viertel zwischen Király utca und Dohány utca zu verlassen und neue, ihrer sozialen Stellung entsprechende Wohngebiete zu erschließen. Im äußeren Józsefváros lebten zumeist

Lajos Blau (1861–1936), Religionslehrer und 1914–1932 Rektor des Rabbinerseminars.

Lajos Blau (1861–1936), religion instructor, and from 1914 to 1932 the rabbinical seminary's director.

meanwhile retired, was also the director of the seminary for many years. He became well known not only as a scholar, but also as a leading figure in the integration of the Jewish community on the way to a new self-awareness.

Squares and markets

Around 1900, the Jewish quarter around the Orczy House became too small for the rapidly growing Jewish population. Furthermore, an assimilated Jewish bourgeoisie

ärmere Händler und Handwerker, die großteils aus den slawischen Gebieten der Monarchie eingewandert waren. Sie lebten vorwiegend nach traditioneller Weltanschauung, was sich auch in der großen Anzahl kleinerer Synagogen und Gebetsräume in diesem Bezirk widerspiegelt. Diese wurden oft neben Marktplätzen und -hallen errichtet, damit die Händler noch vor der Arbeit ihre religiösen Pflichten erfüllen konnten.

Orthodoxe Synagoge

8., Köztársaság tér 12

Die Synagoge, gegründet von chassidischen Juden, Anhängern einer mystischen Bewegung des 18. Jahrhunderts, wird nicht mehr genutzt. Interessant ist die Tatsache, dass der berühmte chassidische Rebe von Belz in den Kriegsjahren 1943/44 hier Unterschlupf fand, nachdem ihm die Flucht aus Polen gelungen war. Er setzte seine Flucht dann nach Palästina fort, wo er eine neue Gemeinde ins Leben rief.

Sephardisches Bethaus

8.,Teleki tér 22

Dies ist die einzige heute noch existierende Synagoge des Bezirkes.

had developed, which aimed to overcome the isolation of earlier generations. These necessities and desires fit well with the city's local expansion and architectural development.

Many people thus had the possibility to leave the Jewish neighborhood between Király utca and Dohány utca at this time and develop new residential areas more suited to their social positions. The outlying areas around Józsefváros were mainly home to poor merchants and tradesmen, who had, for the most part, migrated from the Slavic areas of the monarchy. They lived primarily in accordance with traditional worldviews, which is also reflected in this district's large number of smaller synagogues. These prayer houses were often built near indoor and outdoor markets, enabling the merchants to fulfill their religious duties before their daily work schedules began.

Orthodox Synagogue

8., Köztársaság tér 12

The synagogue, founded by Hassidic Jews, followers of a mystical, eighteenth-century movement, is no longer in use. In the war years

Einst befand sich auf dem Teleki tér der bekannteste und bemerkenswerteste Altwarenmarkt der Stadt.

The most famous and remarkable flea market in the city was once located on Teleki tér.

Zahlreiche Stände auf den Märkten der Józsefváros gehörten religiösen Juden, die sich in der Umgebung ansiedelten.

Numerous stands on the Teleki tér belonged to religious Jews, who settled in the neighborhood with their families.

Bei ihrer Betrachtung erwacht die Erinnerung an die unzähligen, heute abgerissenen oder zweckentfremdeten Synagogen des ehemals blühenden jüdischen Budapest.

Einst befand sich auf dem Teleki tér der bemerkenswerteste Altwarenmarkt der Stadt. Zu den Händlern zählten auch religiöse Juden, die häufig in der näheren Umgebung wohnten.

Die Synagoge wurde von diesen und für diese Menschen und deren

1943–1944, the famous Hassidic Rebe von Belz found refuge here after his successful escape from Poland. He then continued his escape to Palestine, where he founded a new Jewish community.

Sephardic Synagogue

8.,Teleki tér 22

This is the district's only synagogue still in existence today. Looking at it stirs up memories of the many synagogues now abandoned or converted to serve other functions in a formerly flourishing Jewish Budapest.

The most famous and notable flea market in the city was once found on the Teleki tér. Among the merchants were also religious Jews, who commonly lived in the immediate surroundings.

The synagogue was built for these people and their families at the beginning of the 20th century. Despite its name, it never served a Sephardic community as a house of worship. Mainly, it was a synagogue for Hassidic Jews from the Galician city of Czertkov.

The little synagogue, like so many others in Budapest, was found in the courtyard of an old residential building and comprises

Familien Anfang des 20. Jahrhunderts errichtet. Trotz ihres Namens diente sie zu keiner Zeit als Gotteshaus einer sephardischen Gemeinde. Sie wurde vielmehr als Bethaus der Czertkower Gemeinde errichtet, deren Mitglieder chassidische Juden aus dieser galizischen Stadt waren.

Das kleine Bethaus steht, wie so oft in Budapest, im Hof eines alten Wohnhauses und umfasst zwei Räume. Die karge Einrichtung blieb über die langen Jahre erhalten, einzig religiöse Texte an der Wand schmücken die Räume.

Synagoge Nagyfuvaros utca

8., Nagyfuvaros utca 4

Anfang der 1920er-Jahre kaufte die ansässige jüdische Gemeinde das ehemalige Josefstädter Casino und ließ im Hof des Hauses nach Plänen des Architekten Dezsö Freund (1885–1960) eine Synagoge errichten. Sie wurde 1922 eröffnet und war mit 800 Sitzplätzen der größte und repräsentativste Tempel im Bezirk. Die Baukosten wurden überwiegend aus Spenden der wohlhabenden Gemeindemitglieder aufgebracht. Neben dem Gebetsraum befinden sich hier Büros und andere Räumlichkeiten

two rooms. The meager facilities were maintained over the years, the only ornaments on the walls are religious texts.

Nagyfuvaros utca Synagogue

8., Nagyfuvaros utca 4

At the beginning of the 1920s, the resident Jewish community bought the former Josefstädter Casino and had a synagogue built in the courtyard of the house based on plans by the architect Dezsö Freund (1885–1960). It was opened in 1922 and, with its 800 seats, was the largest and certainly most representative temple in the district. The high cost of construction was primarily covered by donations from wealthy community members. In addition to the house of prayer, there are also offices and other community premises.

The ferroconcrete construction of the inner room, a favorite building material of the time, has a flat glass roof. The interior design is marked by geometric ornamentation of the late Vienna Secession.

Many Jewish merchants earned their livelihood at the small outer Terézváros markets; they often founded small synagogues close by.

Jüdische Händler in Terézváros.
Jewish merchants in Terézváros.

der Gemeinde. Die Stahlbetonkonstruktion des Innenraumes, ein beliebtes Baumaterial der Zeit, trägt ein flaches Glasdach. Die Inneneinrichtung ist geprägt von geometrischen Ornamenten der späten Wiener Sezession.

Auf den kleinen Märkten des äußeren Terézváros verdienten ebenfalls viele jüdische Händler ihren Lebensunterhalt; sie gründeten in der Nähe dieser Märkte oft kleine Bethäuser.

Hunyadi tér Synagogue

6., Hunyadi tér 3

This liberal synagogue was built directly adjacent to the Hunyadi indoor market to satisfy the religious needs of the Jewish merchants and their families. It was built shortly after the turn of the century by combining several apartments. The simple building is still used today and, in a sense, is representative of the many small synagogues of the liberal Budapest Jews from the time before the Holocaust.

Garay utca Synagogue

7., Garay utca 48

The synagogue near the Garay market was built in the side wing of a residential building—formerly an organ factory. However, it has not been used for religious purposes since 1968. In 1989, the Hungarian-Jewish cultural association (*Magyar Zsido Kulturalis Egyesület*) moved in. This association has played an important role in helping many of Budapest's Jews discover their identity after the political transformation in 1989.

Among other activities are a vast number of events based on topics

Synagoge Hunyadi tér

6., Hunyadi tér 3

Diese liberale Synagoge wurde in unmittelbarer Nähe der Hunyadi-Markthalle errichtet, um die religiösen Bedürfnisse der jüdischen Händler und deren Familien zu befriedigen. Sie entstand durch die Zusammenlegung mehrerer Wohnungen kurz nach der Jahrhundertwende.

Das schlichte Gebäude wird auch heute noch genutzt und steht gewissermaßen stellvertretend für die vielen kleinen Bethäuser von liberalen Budapester Juden vor dem Holocaust.

Synagoge Garay utca

7., Garay utca 48

Die Synagoge in der Nähe des Garay-Marktes wurde im Seitentrakt eines Wohnhauses – einer ehemaligen Orgelfabrik – eingerichtet, wird aber seit 1968 nicht mehr für religiöse Zwecke verwendet. 1989 zog hier der Ungarisch-Jüdische Kulturverein (*Magyar Zsido Kulturalis Egyesület*) ein, der seit der politischen Wende im Jahr 1989 eine wichtige Rolle in der Identitätsfindung vieler Budapester Juden spielt. Es werden hier viele kulturelle Veranstaltungen connected with the Jewish religion and culture.

Bethlen tér Synagogue (Former Israelite Institute for the Deaf and Mute)

7., Bethlen Gabor tér 2

The large brick building of the Institute for the Deaf and Mute was opened in 1876. In World War II, a Jewish aid hospital was erected to care as much as possible for suffering Jewish patients.

The architect Lipót Baumhorn (1860–1932), whose signature is on quite a few of Budapest's synagogues, rebuilt the original temple in 1931. The synagogue, with a nave and two aisles, blends harmoniously with the architecture of the ensemble. A quote from the psalms decorates the façade.

The inner room, together with the women's gallery, which is accessible from the outside, offers 850 seats. The bimah is in the middle of the room, the mizrach (plaque pointing toward Jerusalem) with two menorahs—seven-armed candelabras—is positioned in front of the Ark (Torah shrine). Adjacent to the synagogue is a ballroom where cultural events and evening club meetings are held.

Das israelitische Taubstummeninstitut wurde während des Zweiten Weltkrieges zum jüdischen Hilfsspital umgestaltet.

The Jewish Institute for the Deaf and Dumb was transformed to a Jewish aid hospital during World War II.

organisiert, deren Themenschwerpunkte häufig im Zusammenhang mit jüdischer Religion und jüdischer Kultur stehen.

Synagoge Bethlen tér – ehemaliges Israelitisches Taubstummeninstitut

7., Bethlen Gabor tér 2

Das große Backsteingebäude des Taubstummeninstituts wurde im Jahr 1876 eröffnet.

Im Zweiten Weltkrieg wurde hier ein jüdisches Hilfsspital eingerichtet, um Not leidende jüdi-

Páva utca Synagogue

9., Páva utca 29

The Jewish population of the city district Ferencváros grew so quickly around World War I, that the earlier synagogues could no longer offer enough room for worshippers. Therefore, the local community had a new, larger, and more representative synagogue built by the architect Lipót Baumhorn in 1924.

The eclectic temple construction, the appearance of which was characteristic for the architect, has not

sche Patienten, soweit es ging, zu versorgen.

Der Architekt Lipót Baumhorn (1860–1932), dessen Handschrift mehrere Synagogen in Budapest tragen, baute das ursprüngliche Bethaus im Jahr 1931 um. Die dreischiffige Synagoge fügt sich harmonisch in die Architektur des Ensembles ein, ein Psalmenzitat über dem Eingang schmückt die Fassade.

Der Innenraum bietet, gemeinsam mit der von außen begehbaren Frauengalerie, 850 Sitzplätze. Die Bima steht in der Mitte des Raumes, vor dem Thoraschrank wurde das Mizrah-Podest mit zwei Menorot, siebenarmigen Leuchtern, aufgestellt. An die Synagoge ist ein Festsaal angeschlossen, wo verschiedene kulturelle Veranstaltungen und Klubabende abgehalten werden.

Die Synagoge am Bethlen tér, wo im angeschlossenen Festsaal auch Klubabende und Kulturveranstaltungen stattfinden.

Entryway to the synagogue on Betlehen tér, where, in an adjoining ballroom, club evenings and cultural events took place in addition to religious services.

Synagoge Páva utca

9., Páva utca 29

Die jüdische Bevölkerung des Stadtteiles Ferencváros wuchs um den Ersten Weltkrieg stark an, sodass die früheren Bethäuser nicht mehr genug Platz für die Gläubigen boten. Deshalb ließ die hiesige Gemeinde im Jahr 1924 vom

Architekten Lipót Baumhorn eine neue, größere und repräsentativere Synagoge erbauen.

Der eklektische Tempelbau, im Erscheinungsbild charakteristisch für den Architekten, wird seit einer Beschädigung 1956 nicht mehr religiös genutzt. Gebetsraum, Kultursaal und Büros sind aber in Nebengebäuden auf dem Grundstück untergebracht.

Der gesamte Gebäudekomplex befand sich lange Zeit im Umbau. Hier wurden im Frühjahr 2004 ein Holocaustmuseum und -dokumentationszentrum eröffnet, zur Erinnerung an die 600.000 im Zweiten Weltkrieg ermordeten ungarischen Juden. Die Synagoge wird integrativer Bestandteil der Forschungs- und Gedenkstätte, in der Ausstellungen und andere Veranstaltungen rund um die Themen Holocaust und Rassismus stattfinden sollen. Im Garten des ungewöhnlichen Baus wurde im Zuge der Eröffnungsfeierlichkeiten ein Denkmal für die ungarischen Opfer der Shoah enthüllt.

Friedhof Kerepesi

8., Salgotarjáni út

Nachdem die alten Friedhöfe in Pest aus stadtplanerischen Grün-

Innenansicht der Synagoge in der Páva utca.

Interior of the Synagogue at Páva utca.

been used for religious purposes since it was damaged in 1956; however, a synagogue, cultural hall, and offices are still housed in adjacent buildings on the property. The entire building complex was under reconstruction for a long time. In spring 2004, a Holocaust museum and documentation center has opened here as a memorial to the approximately 600,000 Hungarian Jews murdered in World War II. The synagogue will be a central element of the research and memorial site, which will hold exhibitions, seminars, and other events around the

den aufgelöst worden waren, errichtete die jüdische Gemeinde im Jahr 1874 eine neue Grabstätte, die an den nichtjüdischen Friedhof Kerepesi grenzte, wo viele Persönlichkeiten des politischen und kulturellen Lebens Ungarns beerdigt wurden. Die neue jüdische Abteilung wurde zur letzten Ruhestätte vor allem für die geistige, gesellschaftliche und wirtschaftliche Elite der jüdischen Gemeinde. Nach dem Zweiten Weltkrieg fanden hier nur mehr vereinzelt Begräbnisse statt, und der Zustand der Anlage verschlechterte sich zunehmend. Trotz seiner heute desolaten Anmutung erinnert die jüdische Abteilung des Kerepesi-Friedhofs an eine schillernde Epoche des Budapester Judentums.

Das Torhaus wurde in romanischem Stil schlossähnlich gestaltet, die Düsterkeit des Torgangs versetzt den Besucher in andächtige Stimmung. Die im Hof hinter dem Eingang gelegene Leichenhalle mit quadratischem Grundriss besaß eine Kuppel, die allerdings vor langer Zeit eingestürzt ist und leider bis heute nicht repariert wurde. Die Fassade aus grob behauenem Kalkstein wirkt auf den Betrachter mächtig und

themes of racism and the Holocaust.

During the opening ceremonies, a memorial for the Hungarian Shoah victims was unveiled in the garden of this unique building.

Kerepesi Cemetery

8., Salgotarjáni út

After the old Jewish cemetery in Pest was liquidated due to urban planning, the Jewish community built a new cemetery in 1874, bordering on the non-Jewish Kerepesi Cemetery, where many personalities from Hungarian political and cultural life were buried. The new Jewish section was the last resting place, mainly for the Jewish community's spiritual, social, and economic elite.

After World War II, only occasional burials took place and the state of the grounds increasingly deteriorated. Despite its desolate condition, the Jewish section of the Kerepesi Cemetery still evokes a shining epoch of Budapest Jewry.

The gate house is designed in a romantic style, similar to a castle; the dark entryway puts the visitor in a reverent mood. In the courtyard behind the entryway is the mortuary, which has a square

Burgartiger Eingang zum jüdischen Friedhof in der Salgótarjáni út.
Castle-like gate to the Jewish cemetery on Salgótarjáni út.

robust. Die hebräischen Inschriften auf der Fassade sind Zitate aus den Psalmen und dem Totengebet.

In der ersten Reihe des Friedhofs befinden sich die Gräber von bekannten Rabbinern wie Vilmos Bacher und Mozes Bloch, beides ehemalige Direktoren des Rabbinerseminars, Mayer Kayserling, Rabbiner der Dohany-Synagoge, oder des Gelehrten und Orientalisten David Kaufmann. Weiters sind hier der ehemalige Justizminister Vilmos Vazsonyi, der Dichter Jozsef Kiss und andere bedeutende jüdische Intellektuelle begraben.

Die beeindruckendsten Sehenswürdigkeiten des Friedhofs sind aber die prachtvollen Gruftanlagen der ökonomischen Elite, etwa der Textilindustriellenfamilie Buday-Goldberger, der Zuckerfabrikanten Hatvany-Deutsch oder des Stahlwerksbesitzers und Industriellen Baron Manfréd Weiss. Diese riesigen Grabanlagen stehen zwar nicht mit den jüdischen Traditionen im Einklang, spiegeln jedoch die gesellschaftliche Stellung jüdischer Industriellenfamilien in Ungarn vor dem Zweiten Weltkrieg wider.

floor plan; although the cupola covering it collapsed several years ago, it has unfortunately not been repaired yet. The façade of roughly hewn limestone appears powerful and robust . The Hebrew inscriptions on the façade are quotes from the Psalms and the Prayer for the Dead.

In the first row of the cemetery are the graves of famous rabbis such as Vilmos Bacher and Mozes Bloch, both former directors of the Rabbinical Seminary, Rabbi Mayer Kayserling of the Dohany Synagogue, and the great scholar and Orientalist David Kaufmann. Also buried here are the former justice minister Vilmos Vazsonyi, the poet Jozsef Kiss, and other important Jewish intellectuals.

The most impressive sites of the cemetery are the magnificent crypts of the economic elite, such as the textile industry family Buday-Goldberger, the sugar manufacturers Hatvany-Deutsch, and the iron works owner and industrialist Baron Manfréd Weiss. These huge graves are not in keeping with Jewish tradition; however, they reflect the social position of the Jewish industrialist families in Hungary prior to World War II.

Die Außenbezirke

Köbánya

In beinahe allen äußeren Bezirken von Pest fand man vor dem Holocaust kleinere oder größere jüdische Gemeinden mit dazugehöriger Infrastruktur, also Bethäusern, Schulen oder Geschäften.

Einer der Gemeinden, die sich außerhalb der klassischen Siedlungsgebiete des Budapester Judentums entwickelte, war Köbánya. Der Stadtteil war gegen Ende des 19. Jahrhunderts ein aufstrebendes Industriegebiet. Um 1910 lebten hier nach zeitgenössischen Aufzeichnungen mehr als 3000 Juden.

Ehemalige Synagoge Köbánya

10., Cserkesz utca 7–9

1911 gelang es der Gemeinde, eine imposante und für die damalige Zeit hochmoderne Synagoge bauen zu lassen, die das bedeutendste Bauwerk des Architekten Richard Schönthal darstellt.

Schönthal ließ sich von neuen Richtungen im Synagogenbau ebenso beeinflussen wie von der damals vorherrschenden folkloristischen Strömung in der ungari-

The Outer Districts

Köbánya

Before the Holocaust, in nearly all of the outer districts of Pest were smaller or larger Jewish communities, with the accompanying infrastructure such as synagogues, schools, and businesses.

One of the communities, which developed outside of the classical settlement area of the Budapest Jews, was Köbánya. This area of the city was an up-and-coming industrial region at the end of the nineteenth century. According to records from the time, more than 3,000 Jews lived here in 1910.

Former Köbánya Synagogue

10., Cserkesz utca 7–9

In 1911, the Jewish community succeeded in commissioning an imposing and—for the time—highly modern synagogue, which presents architect Richard Schönthal's most important building project. Schönthal let himself be influenced equally by both new advances in synagogue construction and the formerly dominant folkloric currents in Hungarian architecture. From this blend arose a solid, centrally arranged,

schen Architektur. Aus dieser Mischung entstand ein robustes, zentral angeordnetes, achteckiges Gebäude mit Kuppel und Vorhallen an drei Seiten, das in diesem architektonisch eher unspektakulären Bezirk ein wenig wie aus einer anderen Welt wirkt. Die verwendeten Materialien – Ziegel, Beton, grob gemeißelter Stein – verleihen dem Bau ein beinahe rustikales Aussehen. Die Jugendstilornamente der Einfriedung zeigen ungarische Volksmotive, die ebenfalls im Jugendstil gehaltenen Keramikverzierungen stammen aus der berühmten Porzellanfabrik Zsolnay. Der Innenraum mit einer Lichtweite von zwölf Metern bot Sitzplätze für insgesamt 760 Gläubige.

Das Gebäude, das in den letzten Jahrzehnten verschiedenste nichtreligiöse Zwecke erfüllte, ist in einem desolaten Zustand, doch noch immer lässt sich der Glanz früherer Zeiten erahnen.

Friedhof Rákoskeresztúr
10., Kozma utca 6

Rákoskeresztúr ist der größte jüdische Friedhof des Landes. Er wurde 1891 eröffnet und ist an den christlichen Friedhof – mit über 1,5 Millionen Gräbern der größte

Die ehemalige Synagoge der jüdischen Gemeinde in Köbánya, 1911 von Richard Schönthal errichtet.

The former synagogue of the Jewish community in Köbánya, built by Richard Schönthal in 1911.

octagonal building with a cupola and foyer on three sides, which seemed a bit other-worldly in this architecturally rather unspectacular district. The materials used—bricks, concrete, roughly chiseled stone—lend the building an almost rustic appearance. The art nouveau ornamentation of the

Die Synagoge in Köbánya dient seit 1991 als evangelische Kirche.

The synagogue in Köbánya has served as an Evangelical church since 1991.

in Budapest – angeschlossen. Die große dreischiffige Zeremonienhalle von Vilmos Freund ist mit kugelförmigen Kuppeln bedeckt. An der Straßenseite befindet sich eine große Vorhalle, die als Archiv dient, in dem schriftliche Zeugnisse – etwa Gedenk- und Widmungstafeln – aufgelassener jüdischer Einrichtungen gesammelt werden.

enclosure shows Hungarian folk motifs. The ceramic ornaments, likewise art nouveau, stem from the famous porcelain factory Zsolnay. The inner room, with a light width of twelve meters, offered seating for a total of 760 worshippers.

The building, which has served extremely diverse, non-religious functions in recent decades, is in a desolate state, yet it is still possible to imagine the brilliance of earlier times.

Rákoskeresztúr Cemetery
10., Kozma utca 6

Rákoskeresztúr is the largest Jewish cemetery in Hungary. It opened in 1891 and is adjacent to the Christian cemetery, which with 1.5 million graves is the largest in Budapest.

The large ceremony hall built by Vilmos Freund, with a nave and two aisles, is covered with sphere-shaped cupolas. On the street side is a large entry hall, which serves as an archive where the written evidence—memorials and dedication plaques—of closed-down Jewish facilities are stored.

In front of the ceremonial hall is a memorial to the approximately

Rákoskeresztúr. Der größte jüdische Friedhof des Landes wurde 1891 eröffnet.

Rákoskeresztúr. The largest Jewish cemetery in the country was opened in 1891.

Vor der Zeremonienhalle befindet sich ein Denkmal für die etwa 10.000 ungarischen Soldaten jüdischer Abstammung, die im Ersten Weltkrieg ihr Leben verloren, links davon mahnt ein Monument an die mehr als 600.000 jüdischen Opfer der Shoah in Ungarn. Die Inschrift des Denkmals lautet: „Der Hass hat sie getötet – die Liebe soll ihr Andenken bewaren."

10,000 Hungarian soldiers of Jewish origin who lost their lives in World War I. To the left, a monument draws our thoughts to the more than 600,000 Jewish victims of the Shoah in Hungary. The inscription on the monument reads, "Hatred has killed them—love shall preserve their memory." The Hebrew text states: "Our brothers, sons of Israel, who

Die von Vilmos Freund entworfene Zeremonienhalle am jüdischen Friedhof Rákoskeresztúr.

The ceremonial hall at the Jewish Cemetery Rákoskeresztúr, designed by Vilmos Freund.

Der hebräische Text bedeutet Folgendes: „Unsere Brüder, Söhne Israels, die für die Heiligkeit des Namens ihr Leben opferten.“ Die Namen der Opfer sind in neun riesige Steintafeln eingemeißelt. Einige von den offiziellen Stellen nicht erfasste Menschen wurden von Verwandten und Bekannten nachträglich ergänzt.

In der Nähe dieses Denkmals befinden sich, nach Fundorten getrennt, die Gräber der Opfer von

sacrificed their lives for the holiness of the name."

The names of the victims are etched into nine huge stone tablets. Several people's names, who were not known to the official authorities, have been added by relatives and friends.

Near the memorial are graves of victims of mass executions during World War II, separated according to the sites where the graves were found.

Massenexekutionen im Zweiten Weltkrieg.

Hinter dem Märtyrermonument liegen zwei Gräber für während des Holocaust beschädigte und geschändete Thorarollen, da diese nach jüdischem Gesetz ebenso wie verstorbene Menschen beerdigt werden müssen. Ein weiteres Denkmal ist den jüdischen Gefallenen des Freiheitskampfes von 1848/49 gewidmet.

In der Parzelle 4/a ruhen so berühmte Rabbiner wie Samuel Kohn vom Dohany-Tempel, Illes Adler von der Rumbach-Synagoge und Sándor Scheiber vom Rabbinerseminar. In der so genannten Künstlerparzelle 5/b befinden sich unter anderen die Gräber der Schriftsteller Sándor Brody und Ernö Szep und des Malers Lipót Hermann. Gegenüber der Parzelle der Rabbiner finden Besucher die ältesten Gräber des Friedhofs; diese wurden vom aufgelassenen jüdischen Friedhof in der Lehel ut um die Jahrhundertwende hierher übersiedelt.

Das berühmteste unter ihnen ist das Grab des im Jahre 1851 verstorbenen Rabbiners Simon Oppenheim. Religiöse Bittsteller pilgern auch heute noch zu seinem

Gebet zum Verlassen eines Friedhofes auf dem jüdischen Friedhof Rákoskeresztúr. Hier befinden sich neben aufwändigen Grabstätten bekannter Persönlichkeiten und über 300.000 Gräbern auch zahlreiche Denkmäler, etwa für die gefallenen Soldaten des Ersten Weltkrieges und die Opfer und Märtyrer des Holocaust.

Prayer for the leaving of a cemetery at the Jewish Cemetery Rákoskeresztúr. Here, among richly decorated crypts of well-known personalities and over 300,000 graves, can also be found numerous memorials, for example, for the soldiers who fell in World War I and for the victims and martyrs of the Holocaust.

Grab eines jüdischen Widerstandskämpfers auf dem Friedhof Rákoskeresztúr, errichtet von der zionistischen Jugendbewegung Haschomer Hazair Ungarn.

At the Cemetery Rákoskeresztúr, this tomb of a Jewish resistance fighter was built by the Zionist youth movement, Haschomer Hazair of Hungary.

Grab und stecken Zetteln mit ihren Wünschen in die Ritzen des Grabsteins.

Wie auf dem Friedhof Kerepesi in der Salgotarjáni ut finden sich auch hier, vor allem entlang der Friedhofsmauer, prächtige Grabstätten von vornehmen und wohlhabenden Mitgliedern der Budapester Gemeinde, so etwa das mit

Behind the martyr monument are two graves for Torah scrolls, damaged and desecrated during the Holocaust. According to Jewish law, like a deceased person, they must also be buried.

A further monument is dedicated to the Jews who died during the struggle for independence in 1848/49.

bunten Blumenmotiven verzierte Jugendstilmausoleum der Familie Schmidl oder die Gruft der Bankiersfamilie Kornfeld.

Orthodoxer Friedhof

10., Gránátos utca 12

Der Friedhof der orthodoxen jüdischen Gemeinde befindet sich nördlich von Rákoskeresztúr.

Im Mittelteil der einfachen, dreiteiligen Zeremonienhalle ist die Aufbahrungshalle gelegen, in den beiden Seitenteilen sind die Räume der *tahara*, der Leichenwäscher, untergebracht. Laut den hier gültigen strengen Religionsvorschriften müssen die Körper der Verstorbenen in natürlichem Wasser, also Regenwasser gewaschen und so bald wie möglich, noch vor dem nächsten Sabbat, beerdigt werden.

Die Gestaltung der Gräber folgt ebenfalls strengen religiösen Vorschriften. Grabsteine etwa sind verboten, nur ein stehender Kopfstein mit hebräischer Inschrift weist auf den Verstorbenen hin. Wie auf den meisten jüdischen Friedhöfen findet man auch hier die Gräber bedeutender Rabbiner der Gemeinde gleich in der ersten Reihe.

Plot 4/a is the last resting place of famous rabbis such as Samuel Kohn from the Dohany Temple, Illes Adler from the Rumbach Synagogue, and Sándor Scheiber from the Rabbinical Seminary.

The so-called artists' plot 5/b includes the graves of the writers Sándor Brody and Ernö Szep, and the painter Lipót Hermann.

Across from the rabbis' plot, visitors can view the oldest gravestones in the cemetery. These were brought here at the turn of the century from the liquidated cemetery on Lehel ut.

The presumably most famous among them is the grave of Rabbi Simon Oppenheim, who died in 1851. Religious petitioners still make pilgrimages to his grave today and put notes with their prayers in the cracks in the gravestone.

Like in the Kerepesi Cemetery, here also in Salgotarjáni ut, found mainly next to the cemetery walls are the grand graves of noble and wealthy members of the Budapest community, such as the Schmidl family's art nouveau mausoleum decorated with colorful flower motifs or the crypt of the banker family Kornfeld.

Lajos Venetianer (1867–1922), Oberrabbiner von Újpest und unter anderem Verfasser von *Die Geschichte der Juden* in Ungarn, das bis heute als Standardwerk gilt.

Lajos Venetianer (1867–1922) was head rabbi of Újpest, and wrote, among other things, *Die Geschichte der Juden in Ungarn*, (History of the Jews of Hungary), which is still a standard for scholars.

Újpest

Újpest (Neu-Pest), ein Außenbezirk am nördlichen Rand der Stadt, nahm ebenfalls eine wichtige Rolle in der Entwicklung jüdischen Lebens in Budapest ein.

Seine Geschichte ähnelt in vielem derjenigen der Gemeinde von Óbuda. Um 1830 verpachtete der

Orthodox Cemetery

10., Gránátos utca 12

The cemetery of the Orthodox Jewish Community is north of Rákoskeresztúr.

In the middle section of the simple, three-part ceremony hall is the funeral parlor, on both sides are the rooms for the *tahara*, the ritual washing of corpses for burial. According to the strict religious regulations, the body of the dead must be washed in natural living water, for example, in rain water, and buried as quickly as possible before the next Sabbath.

Likewise, the design of the graves also follows strict religious regulations. Gravestones, for example, are forbidden. Only an upright headstone with a Hebrew inscription identifies the deceased. Like at most Jewish cemeteries, the graves of important rabbis in the community are located right in the first row.

Újpest

Újpest (New-Pest), an outer district on the northern border of the city, also had an important role in the development of Jewish life in Budapest. Its history is similar in many ways to that of

Gutsherr Graf István Károlyi in diesem Gebiet Teile seines Landgutes an Neuzuwanderer. Unter diesen Immigranten befanden sich viele Juden. Sie erhielten zum damaligen Zeitpunkt noch kein Wohnrecht in Pest, wollten oder vielmehr mussten sich jedoch in der Nähe der wachsenden Hauptstadt niederlassen.

Der Gründer und erste Richter der neuen jüdischen Gemeinde in Újpest war Izsák Löwy (1793 bis 1847). Er war einer von drei Brüdern, die hier eine Fabrik für Lederverarbeitung betrieben, und der Erste, der dieses Gebiet offiziell als Újpest bezeichnete.

Der Bezirk wuchs unter Mitwirkung der Gemeindemitglieder rasch zu einem Industriezentrum. Neben Leder wurden Holz, Baukeramik oder Lebensmittel in Fabriken und Manifakturen verarbeitet. Auch die weltberühmte Glühlampenfabrik Tungsram (heute General Electric) wurde hier gegründet. Sowohl unter den Gründern als auch unter den Arbeitern der Fabriken befanden sich viele Juden.

Kurz nach der Jahrhundertwende zählte die jüdische Gemeinde fast 20.000 Mitglieder und verfügte

the community from Óbuda.
In 1830, the lord of the manor, Count István Károlyi, rented parts of his estate in this area to new immigrants. Among these immigrants were many Jews. At that time, they were not allowed to settle in Pest, however, they wanted or needed to reside near the growing capital. The founder and first judge of the new Jewish community in Újpest was Izsák Löwy (1793–1847). He was one of three brothers who ran a factory for leather processing here, and the first who officially called this area Újpest.

With the cooperation of the community members, the district quickly grew to an industrial center. In addition to leather, also wood, industrial ceramics, and foodstuffs were processed in factories and manufacturing plants. Also the world-famous light bulb factory Tungsram (today General Electric) was founded here. Among the factories' founders and workers were many Jews.

After the turn of the century, the Jewish community had almost 20,000 members and access to several synagogues, schools, and other institutions. Represented in

über mehrere Synagogen, Schulen und andere Institutionen. Sie vertrat sowohl das orthodoxe als auch das liberale Judentum. Noch heute existiert hier eine kleine Synagoge, die von Gläubigen der Nachbarschaft benutzt wird.

Die Gemeinde von Újpest entschied sich nach der Spaltung der jüdischen Gemeinde in den Jahren 1968/69 für die orthodoxe Richtung, wenn auch eine kleinere liberale Gemeinschaft entstand. Die heute nicht mehr existierende orthodoxe Synagoge stand in der Virág utca, neben einer Mikwe und einem koscheren Schlachthaus.

Liberale Synagoge

4., Berzeviczy utca 8

Das romantische Gebäude mit zwei Türmen an der Hauptfront wurde 1886 erbaut. An der Ostfassade ist unter dem Rundfenster ein Bibelzitat zu lesen: „Denn mein Haus wird ein Bethaus heißen für alle Völker" (Jesaja 56,7).

Die zweifärbigen Backsteine der Fassade bilden durch ihre Anordnung ein netzartiges Muster.

Der rechteckige Innenraum, mit Galerien auf zwei Seiten und künstlerisch gestalteten Glasfens-

the community were both orthodox and liberal Judaism. Today, there is still a small synagogue here, which is used by worshippers from the neighborhood.

After the split of the Jewish community in 1968/69, the Újpest community decided to follow the orthodox path, although a small liberal community also arose.

The Orthodox Synagogue, which no longer exists today, was on Virág utca, next to a mikvah and a kosher slaughterhouse.

Liberal Synagogue

4., Berzeviczy utca 8

This romantic building, with two towers adorning the front façade, was built in 1886. On the east façade, there is a bible quote under the round window: "Then my house will be called a house of prayer for all people" (Jesiah 56,7). Through their arrangement, the two-color bricks of the façade form a net-like pattern.

The rectangular inner room, with galleries on two sides and artistically designed glass windows, seats up to 1,000 people.

In July 1948, a series of reliefs was added along the walls of the synagogue garden, depicting the

tern, hält Sitzplätze für 1000 Personen bereit.

Entlang der Mauer des Synagogengartens ist seit Juli 1948 eine Reliefserie zu sehen, die das grausame Schicksal der Újpester Juden im Holocaust darstellt. Sie wurden Anfang Juli 1944 innerhalb weniger Tage verschleppt und zumeist in das Konzentrationslager Auschwitz deportiert. An der Innenseite der Mauer wurden im Jahr 1947 Gedenktafeln mit den Namen der Opfer, mehr als 12.000 Menschen, angebracht.

Im renovierten Synagogenkomplex gibt es heute einen Gebetsraum, ein Kulturzentrum, einige Verwaltungsbüros und ein jüdisches Pflegeheim für alte und verhaltensauffällige Menschen.

Lajos Venetianer (1867–1922) war der bekannteste Rabbiner der Gemeinde von Újpest und wurde auch als Verfasser mehrerer historischer Werke bekannt, etwa *Die Geschichte des ungarischen Judentums* (1922). In der nach ihm benannten Straße stand vor dem Zweiten Weltkrieg die jüdische Schule des Bezirkes.

horrendous fate of the Újpest Jews in the Holocaust. At the beginning of July 1944, they were dragged away in just a few days and most were deported to Auschwitz concentration camp. On the inner side of the wall there is a memorial plaque with the names of the victims, more than 12,000 people.

Today, the renovated synagogue complex comprises a house of prayer, a cultural center, several administrative offices, and a Jewish nursing home for old and behaviorally impaired people.

Lajos Venetianer (1867–1922) was the most famous rabbi of the Újpest Jewish community and was also a well-known author of several historical works, for example the 1922 *Geschichte des ungarischen Judentums* (The history of Hungarian Jewry). Prior to World War II, the district's Jewish school was located on the street bearing his name.

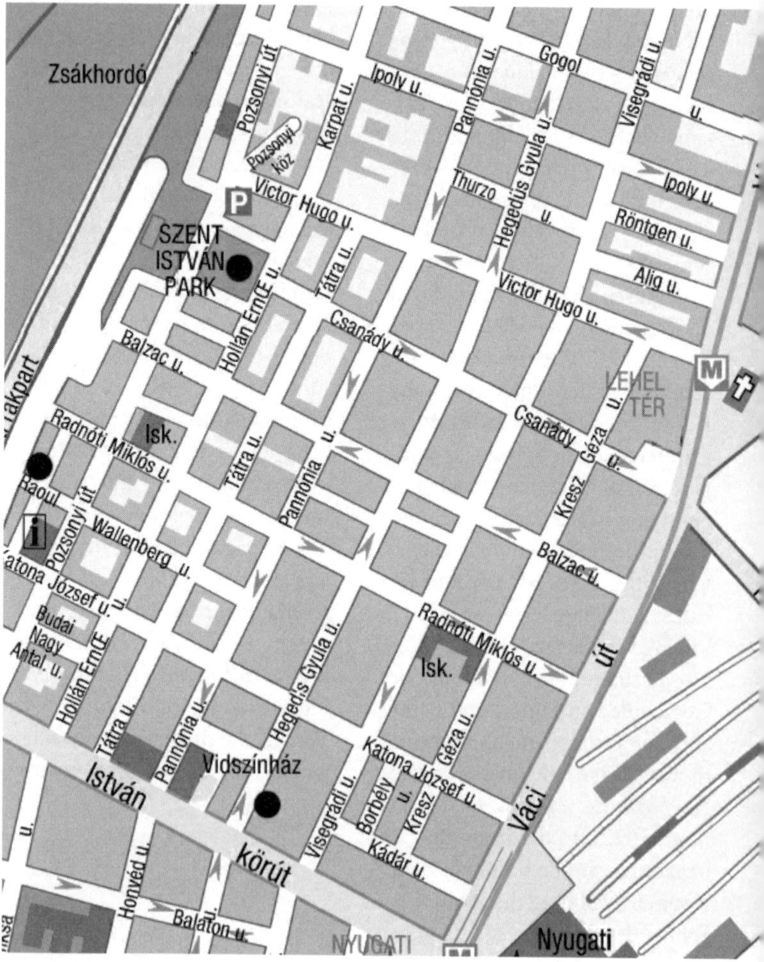
Zsákhordó
Pozsonyi út
Pozsonyi köz
Karpat u.
Ipoly u.
Pannónia u.
Gogol
Visegrádi u.
u.
Hegedűs Gyula u.
Thurzo
u.
Ipoly u.
Röntgen u.
Alig u.
P
Victor Hugo u.
SZENT ISTVÁN PARK
Tátra u.
Hollán ErnŒ u.
Victor Hugo u.
Csanády u.
Balzac u.
LEHEL TÉR
Géza u.
Csanády
Radnóti Miklós u.
Isk.
Tátra u.
Pannónia u.
Raoul
Pozsonyi út
Wallenberg u.
Kresz
Balzac u.
Katona József u.
Budai Nagy Antal u.
Hollán ErnŒ u.
Hegedűs Gyula u.
Radnóti Miklós u.
Isk.
út
Tátra u.
Pannónia u.
Géza u.
Vidszínház
István
körút
Visegrádi u.
Borbély u.
Katona József u.
Kresz u.
Váci
Kádár u.
Honvéd u.
Balaton u.
NYUGATI
Nyugati

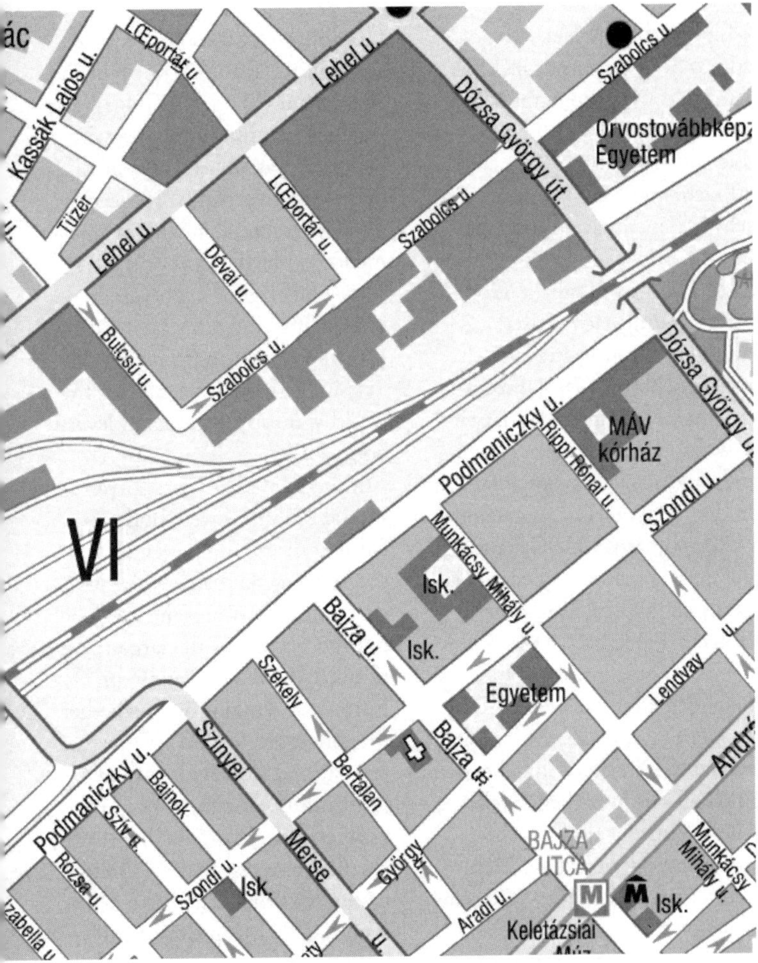
ác
LŒportár u.
Lehel u.
Dózsa György út
Szabolcs u.
Orvostovábbképz
Egyetem
Kassák Lajos u.
Tüzér
LŒportár u.
Szabolcs u.
Lehel u.
Dévai u.
Bulcsú u.
Szabolcs u.
Dózsa György u.
Podmaniczky u.
Rippl Rónai u.
MÁV
kórház
Szondi u.
VI
Munkácsy Mihály u.
Isk.
Bajza u.
Isk.
Székely
Egyetem
Lendvay
Szinyei
Bertalan
Bajza u.
Podmaniczky u.
Bajnok
Szív u.
Rózsa u.
Merse
György
Szondi u.
Isk.
BAJZA
UTCA
M
Isk.
Munkácsy
Mihály u.
Aradi u.
Keletázsiai
Izabella u.

Új-Lipótváros

Új-Lipótváros, die Neu-Leopoldstadt an der Donau nördlich der Margit hid (Margaretenbrücke), war ursprünglich ein Industriegebiet mit Fabriken, Warenlagern und kleineren Manufakturen. Erst nach der Jahrhundertwende begann die Entwicklung zum Wohngebiet. Das ursprüngliche Lipótváros, benannt nach Kaiser Leopold II., liegt weiter südlich und war schon im 19. Jahrhundert eine bevorzugte Wohngegend des wohlhabenden, meist assimilierten jüdischen Bürgertums.

In den 1930er-Jahren entstanden in Új-Lipótváros viele Gebäude nach den damals aktuellen architektonischen Grundsätzen des Weimarer Bauhauses. Das Viertel ist eine der größten zusammenhängenden „Bauhausinseln" Europas. Die Frage, ob die Modernität der Architektur die wohlhabenden Schichten der jüdischen Intellektuellen, Künstler und Geschäftsleute anzog oder ob diese Architektur erst aufgrund der Wünsche der neuen Bewohner ermöglicht wurde, bleibt offen. Bis heute weist Új-Lipótváros einen hohen jüdischen Bevölkerungsanteil auf.

Új-Lipótváros

Új-Lipótváros, the new Leopoldstadt on the Danube, north of the Margit hid (Margaret Bridge), was originally an industrial area with factories, warehouses, and small manufacturing plants. Its development as a residential area commenced after the turn of the century. The original Lipótváros, named after Emperor Leopold II, is further south and was already a desirable residential area for the wealthy, mostly assimilated Jewish bourgeoisie.

In the 1930s, in Új-Lipótváros several buildings were built according to the fundamentals of the Weimar Bauhaus, which was current at the time. The neighborhood is one of the largest continuous "Bauhaus islands" in Europe. It remains open whether the modernity of the architecture drew in the wealthy classes of Jewish intellectuals, artists, and business people or whether it was on their re-quest that this architecture was first built. The fact is, even today Új-Lipótváros still houses a high percentage of the Jewish population.

Csáki-Synagoge

Hegedüs Gyula utca 3

Das Gros der Juden in Új-Lipótváros war assimiliert, liberal und deshalb auch eher säkular orientiert. Deshalb finden sich hier nur wenige Synagogen und Gebetsräume.

Diese zentrale Synagoge des Bezirkes befindet sich in einem Wohnhaus, das 1911 von der Gemeinde gekauft wurde. Das ursprüngliche Bethaus wurde 1927 nach den Plänen des Architekten Lipót Baumhorn in seine jetzige Form umgebaut und entspricht den Ansprüchen des traditionellen Judentums. Über eine Vorhalle gelangt man zum eigentlichen Gebetsraum mit Glaskuppel. Der Raum ist eher schlicht und traditionell gestaltet. Es ist keine Orgel vorhanden, und die Bimah steht in der Mitte des Raumes. Gemeinsam mit der Frauenempore bietet die Synagoge Platz für mehr als 1000 Gläubige.

Ehemaliges „internationales Ghetto"

Pozsonyi ut, Szent-Istvan-Park

In Új-Lipótváros wurde 1944 das so genannte internationale Ghetto eingerichtet. In die „Schutzhäuser“

Innenansicht der Synagoge in der ehemaligen Csáki utca, heute Hegedüs Gyula utca, errichtet vom für viele jüdische Sakralbauten in Budapest verantwortlichen Architekten Lipót Baumhorn.

Interior view of the synagogue on the former Csáky utca, which today is Hegedüs Gyula utca. The synagogue was built by the well-known architect Lipót Baumhorn, who designed numerous synagogues in Budapest.

Csáki Synagogue

Hegedüs Gyula utca 3

The bulk of the Jews in Új-Lipótváros were assimilated, liberal, and therefore also more secularly oriented. Thus, there are only a few synagogues and houses of prayer. This synagogue, central in the

in der Pozsonyi ut und um den Szent-Istvan-Park wurden jene Juden umgesiedelt, die bereits im Besitz von Visa, Reisepässen oder Schutzbriefen neutraler Länder wie Schweden, Spanien, Portugal, der Schweiz oder dem Vatikan waren.

Der Zynismus, der in der Bezeichnung „Schutzhäuser" steckte, zeigte sich spätestens im Winter 1944 während der Terrorherrschaft der Nyilasok, der faschistischen Pfeilkreuzler unter Ferenc Szálasi. Diese überfielen das Viertel praktisch täglich und schleppten dessen Bewohner zum Donauufer, um sie dort buchstäblich in den Fluss zu schießen. Ein Denkmal an der Nordseite der Margaretenbrücke und eine Gedenktafel am Újpesti-Kai erinnern an diese Opfer, deren Zahl in die Tausende geht.

Raoul-Wallenberg-Plakette
13., Wallenberg utca

Die 1989 enthüllte Plakette erinnert an den schwedischen Diplomaten Raoul Gustav Wallenberg (1912–vermutlich 1947), der neben Carl Lutz der wohl bekannteste Retter ungarischer Juden war. Menschen, die sich in unmensch-

district, is in a residential house, which was bought by the Jewish community in 1911. The original synagogue was rebuilt in its current form in 1927 based on plans by the architect Lipót Baumhorn. It corresponds with the requirements of traditional Judaism.

One arrives through a foyer at the actual house of prayer, which is covered by a glass cupola. The room has a simple and traditional design. There is no organ, and the bimah is in the middle of the room. Together with the women's gallery, the synagogue holds up to 1,000 worshippers.

Former "International" Ghetto
Pozsonyi ut, Szent-Istvan-Park

The so-called international ghetto was set up in Új-Lipótváros in 1944. Those Jews who already had visas, passports, or other letters of protection from neutral countries such as Sweden, Spain, Portugal, Switzerland, or the Vatican, were moved to the "protection houses" on Pozsonyi ut and around Szent-Istvan park.

The cynicism of the name "protection houses" became apparent by the winter of 1944, during the reign of terror, led by Ferenc

Antisemitisches Plakat aus dem Ungarn der 1930er-Jahre.
Anti-Semitic poster from the 1930s.

lichen Zeiten für die Rettung der Verfolgten einsetzen, ohne Rücksicht auf das eigene Leben, sind die wahren Helden der Geschichte; sie sind die Gerechten unter den Völkern.

Raoul Wallenberg wurde in Budapest zum Symbol der Menschlichkeit. Seine Geschichte steht exemplarisch für die namhaften und namenlosen Helfer, ohne die die Vernichtung des ungarischen

Szálasi, of the Nyilasok, the fascist Arrow Cross. They attacked the neighborhood practically on a daily basis and dragged away the residents to the shores of the Danube to then literally shoot them into the river. A memorial on the north side of the Margaret Bridge and a memorial plaque on Újpesti Kai commemorate these victims, who numbered well into the thousands.

Horthy, Szálasi und ihre Judenpolitik

Unter der Führung des Reichsverwesers Miklós Horthy orientierte sich Ungarn politisch bereits ab 1933 an Hitlerdeutschland. Hitler bot Horthy 1937 die Revision des Vertrages von Trianon an, der nach dem Ersten Weltkrieg das ungarische Staatsgebiet empfindlich verkleinert hatte. Ungarn erhielt Teile der Tschechoslowakei zurück, musste jedoch politische und wirtschaftliche Zugeständnisse an Deutschland machen.

Ungarn trat 1941 auf der Seite Deutschlands in den Krieg ein, Horthy wehrte sich jedoch gegen die Deportation der ungarischen Juden. Er erklärte zwar öffentlich seine antisemitische Einstellung, die er schon „ein Leben lang" hege, weigerte sich aber, die ungarischen Juden auszuliefern, solange das Land sie noch wirtschaftlich brauche. Weiters meinte er, dass viele ungarische Juden dem Land loyaler gegenüberstünden als viele extreme Rechte, die bloß darauf warteten, Ungarn den Deutschen auszuliefern.

Am 15. März 1944 wurde Horthy nach Deutschland zitiert, wo man ihm nachlässiges Verhalten in der Judenpolitik vorwarf. Vier Tage später wurde Ungarn von der Wehrmacht besetzt, eine Reihe restriktiver antijüdischer Gesetze waren die direkte Folge, Deportationsvorbereitungen begannen. Am 27. März verließ der erste Deportationszug Ungarn, bis Mitte Mai gingen täglich vier Transporte nach Auschwitz-Birkenau ab. Binnen weniger als vier Monaten wurden nahezu 440.000 Menschen, die gesamte jüdische Landbevölkerung Ungarns, in das polnische Vernichtungslager verbracht. Die verbliebenen 200.000 in Budapest lebenden Juden sollten im Juli 1944 deportiert werden. Horthy wehrte sich dagegen – weniger aus Mitleid, sondern im Hinblick auf die ständig näher rückende Rote Armee.

In Budapest gab es bis zu diesem Zeitpunkt kein Ghetto, die Juden waren aber gezwungen, in spezielle, mit einem gelben Davidstern gekennzeichnete so genannte Judenhäuser zu übersiedeln.

Am 16. Oktober 1944 verhafteten SS-Einheiten den Reichsverweser, die Regierungsgeschäfte übernahm Ferenc Szálasi, der Führer der

faschistischen Pfeilkreuzler. Diese Marionettenregierung beugte sich den verstärkten deutschen Forderungen nach jüdischen Arbeitskräften für das Reich. Zwischen 20. und 26. Oktober wurden alle arbeitsfähigen Männer und später auch Frauen aus den über 2000 „Judenhäusern" in Budapest abgeholt. In einem in einer Ziegelei in Óbuda eingerichteten Zwischenlager warteten nach der Aktion über 70.000 Menschen auf ihre Deportation. Sowohl Mitarbeiter des Roten Kreuzes als auch Carl Lutz und Raoul Wallenberg versuchten hier verzweifelt, noch Menschen zu retten.

Als sich herausstellte, dass keine Wagons für die Verschleppung zur Verfügung standen, beschlossen die Deutschen, die Budapester Juden zu Fuß ins Reich zu treiben. Am 8. November begannen diese „Todesmärsche" in Richtung österreichsche Grenze. Unzählige Menschen starben auf diesen Fußmärschen durch Hunger, Kälte und Krankheit oder wurden vom Wachpersonal unterwegs erschossen. Jene, die den Marsch überlebten, lieferte man in die Konzentrationslager Dachau und Mauthausen ein. Sie kamen zu einem Zeitpunkt in den Lagern an, als Budapest bereits von der Roten Armee befreit war.

Die in Budapest verbliebenen Juden mussten ab Anfang Dezember 1944 ins Ghetto ziehen. Das so genannte große Ghetto wurde um die Dohány-Synagoge errichtet. Hier lebten über 70.000 Menschen unter unvorstellbaren Entbehrungen, in Elend und in Angst vor Überfällen der Pfeilkreuzler. Im 13. Bezirk, zwischen Pozsonyi út und dem Szent-Istvan-Park, wurde das so genannte kleine oder internationale Ghetto errichtet. Die Lebensbedingungen hier waren ein wenig besser als im großen Ghetto. Seine Bewohner waren bereits im Besitz von Schutzdokumenten, ausgestellt von diplomatischen Vertretungen neutraler Drittländer wie Schweden, der Schweiz oder dem Vatikan.

Raoul Wallenberg allein brachte etwa 40.000 solcher Schutzbriefe in Umlauf und rettete damit ebenso vielen Menschen das Leben.

Horthy, Szálasi and Their Policies for Jews

Under the leadership of the regent Miklós Horthy, Hungary had already aligned itself politically with Hitler's Germany as of 1933. In 1937, Hitler offered Horthy a revision of the Treaty of Trianon, which had drastically reduced Hungary's territory after World War I. Hungary reclaimed parts of Czechoslovakia; however, it had to make political and economic concessions to Germany.

Hungary entered the war on the side of Germany in 1941, yet Horthy resisted deportation of Hungarian Jews. Although he publicly declared his anti-Semitic position, which he had harbored his "entire life," he nonetheless refused to hand over the Hungarian Jews as long as they were of economic use to the country. Furthermore, he felt that many Hungarian Jews were more loyal than many on the extreme right who were simply waiting to hand over Hungary to the Germans.

On 15 March 1944, Horthy was summoned to Germany where he was accused of negligent behavior in Jewish policies. Four days later, Hungary was occupied by the armed forces; a series of restrictive anti-Jewish laws followed as a direct result. The preparations for deportations began. On 27 March the first deportation trains left Hungary; four transports a day until mid-May were sent to Auschwitz/Birkenau. Within less than four months, nearly 440,000 people, the entire rural Jewish population of Hungary, were brought to the Polish extermination camp.

The remaining 200,000 Jews living in Budapest were destined for deportation in July 1944. Horthy refused—not so much out of pity, but in light of the steadily advancing Red Army. There was no ghetto in Budapest at this time, but Jews were forced to live in special houses marked with a Star of David, so-called "Jewish houses."

On 16 October 1944, SS troops arrested the Regent of the Empire and government business was taken over by Ferenc Szálasi, the leader of the fascist Arrow Cross. This puppet government gave way to German demands for Jewish labor for the German Reich.

Between 20 and 26 October, all capable men, and later also women, were taken from the more than 2,000 "Jewish houses" in Budapest. More than 70,000 people waited for their deportation at an interim camp set up in a quarry in Óbuda. Members of the Red Cross, as well as Carl Lutz and Raoul Wallenberg, desperately attempted to save people here.

When it became evident that there were no trains available to bring them away, the Germans decided to drive the Budapest Jews to the German Reich on foot. The "death march" in the direction of the Austrian border began on 8 November. Countless people died on this death march of hunger, cold, and illness, or they were shot by the guards along the way. Those who survived were delivered to the concentration camps in Dachau and Mauthausen. They arrived at the camps at a time when Budapest had already been liberated by the Red Army.

The Jews remaining in Budapest had to move into a ghetto starting in early December 1944. The so-called large ghetto was set up around the Dohány Synagogue. More than 70,000 people lived here in unimaginable privation and misery, and in constant fear of attacks by the Arrow Cross. The so-called little or international ghetto was set up in the thirteenth district, between Pozsonyi út and the Szent-Istvan park. The living conditions here were slightly better than in the big ghetto. The occupants already had protection documents issued by diplomatic representatives from neutral third countries such as Sweden, Switzerland, or the Vatican.

Raoul Wallenberg alone distributed more than 40,000 protection letters, thereby saving just as many lives.

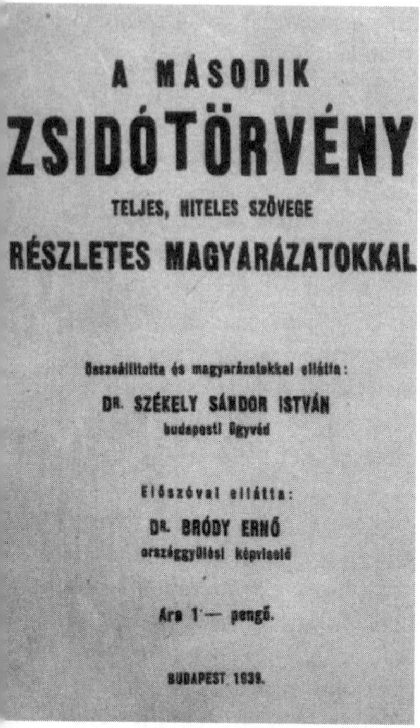

A MÁSODIK
ZSIDÓTÖRVÉNY
TELJES, HITELES SZÖVEGE
RÉSZLETES MAGYARÁZATOKKAL

Összeállította és magyarázatokkal ellátta:
DR. SZÉKELY SÁNDOR ISTVÁN
budapesti ügyvéd

Előszóval ellátta:
DR. BRÓDY ERNŐ
országgyűlési képviselő

Ára 1·— pengő.

BUDAPEST 1939.

„Das zweite Judengesetz mit Erklärungen." Budapest, 1939.

"The second Jewish law and decree," Budapest, 1939.

Judentums noch verheerendere Ausmaße angenommen hätte.

„Das Andenken an Raoul Wallenberg sollte ein Ansporn sein für andere, ebenfalls zu handeln, für künftige Generationen zu handeln, für uns alle zu handeln",

Raoul-Wallenberg Plaque
13., Wallenberg utca

The plaque, unveiled in 1989, commemorates the Swedish diplomat Raoul Gustav Wallenberg (1912–perhaps 1947), who along with Carl Lutz, was the most famous savior of the Hungarian Jews. People who risk their lives in inhuman times to save the persecuted are the true heroes of history; they are the "righteous among the people."

Raoul Wallenberg became a symbol in Budapest for humanity. His story is exemplary for the known and unknown helpers, without whose help the extermination of Hungarian Jewry would have taken on even more disastrous proportions. In the words of UN Secretary General Kofi Annan, "The memorial to Raoul Wallenberg should be incentive for others to act as well, for future generations to act, for all of us to act."

Wallenberg came to Budapest on 9 July 1944 as a representative of the Swedish royal house. His orders were to save people. He officially took his orders from King Gustav V, but his journey and stay were partially financed

meinte UNO-Generalsekretär Kofi Annan.

Wallenberg kam am 9. Juli 1944 als Gesandter des schwedischen Königshauses nach Budapest. Sein Auftrag lautete, Menschen zu retten, sein Auftraggeber war offiziell König Gustav V., seine Reise und Aufenthalt waren zum Teil von jüdischen Organisationen finanziert. Wallenberg brachte 600 schwedische Pässe mit und plante einen Eisenbahnzug mit jüdischen Waisenkindern nach Schweden zu transportieren. Angesichts des Elends wurden die Vorhaben aber erheblich ausgeweitet. Wallenberg und seine Mitarbeiter spannten innerhalb kürzester Zeit ein Rettungsnetz über Budapest. Am wichtigsten erschien es ihnen, die Juden aus den so genannten Schutzhäusern herauszuholen, in die sie von der faschistischen Regierung gepfercht worden waren.

Wallenberg mietete zahlreiche Wohnungen und Häuser an, erklärte sie zu Büros, unterstellte sie offiziell dem Schutz des schwedischen Königs und brachte in ihnen Juden in kleineren Gruppen unter. Wallenberg selbst wechselte seine Aufenthaltsorte ständig und

Die Raoul-Wallenberg-Gedenktafel in der Wallenberg utca wurde 1989 enthüllt.

The Raoul-Wallenberg memorial plaque on Wallenberg utca was unveiled in 1989.

by Jewish organizations. Wallenberg brought 600 Swedish passports with him, and originally planned to send a train full of Jewish orphans to Sweden. But

schlief praktisch nie mehr als zweimal hintereinander in derselben Wohnung. Er war unermüdlich unterwegs, suchte nach Menschen, die seine Hilfe benötigten, bestach Beamte und verteilte Hilfsgüter. Wallenberg war schnell, entschlossen und kannte keine Angst. Als die Massendeportationen mit Zügen Ende November 1944 anrollten, stand er persönlich am Bahnhof, um noch Menschen aus den Zügen zu holen. Er begleitete mit seinen Helfern die so genannten Todesmärsche im November 1944, verteilte Schutzpässe und Essen und konnte dadurch noch einige Hundert Verschleppte retten.

Wallenberg wurde in Budapest am 17. Jänner 1945 zum letzten Mal lebend gesehen. Er stieg in sein Auto und fuhr in Richtung Debrecen, um die Kommandantur der roten Armee zu besuchen. Ab hier verlieren sich seine Spuren. Wallenberg starb wahrscheinlich 1947 in einem sowjetischen Gefängnis oder Arbeitslager; es gibt aber Berichte von Leuten, die ihn noch in den 1970er-Jahren in Gefängnissen und Krankenhäusern gesehen haben wollen. Die Gründe für die Verhaftung und Ermordung des Diplomaten sind

upon seeing the extent of the misery, his plans were expanded significantly. Wallenberg and his staff quickly cast an emergency net over Budapest. Their first priority was to get the Jews out of the so-called protection houses, where they had been packed in by the fascist government.

Wallenberg rented numerous apartments and houses, declared them offices, put them under the official protection of the King of Sweden, and housed Jews there in small groups. Wallenberg himself constantly moved around and never slept more than two consecutive nights in the same apartment. He was tirelessly on the move, looking for people who needed his help, bribing officials, and distributing emergency aid. Wallenberg was fast, decisive, and knew no fear. When mass train deportations began at the end of November 1944, he stood at the train station and pulled people out of the railway cars. Along with his helpers, he accompanied the so-called death marches in November 1944, distributed protection passes and food, and was thus able to save several hundred from being taken away.

unbekannt. Die russische Staatsanwaltschaft hat Wallenberg und seinen ebenfalls verschleppten Mitarbeiter Vilmos Langfelder erst im Jahr 2000 rehabilitiert und eine schwedisch-russische Untersuchungskommission zur Klärung seines Todes eingesetzt. Für die Behauptung, Wallenberg sei bereits 1947 in Moskau verstorben, gibt es bislang keine Beweise.

Seit 1945 trägt eine Straße im Gebiet des ehemaligen internationalen Ghettos im 13. Bezirk Wallenbergs Namen.

Synagoge Dózsa György út
13., Dózsa György út 55

Diese Synagoge ist nach Plänen des Architekten Lipót Baumhorn entstanden und wurde 1908 feierlich eröffnet. Die orientalisierenden Details der Fassade, die Rosettenfenster, die färbig gebrannten Ziegelsteine und die bemalten Fenstergläser wirkten für die Umgebung überaus ungewöhnlich.

Das Gebäude wurde im Zweiten Weltkrieg beschädigt und nach dem Krieg bautechnisch vernachlässigt. Erst 1980 wurde es renoviert; das Haus dient heute als Fechthalle eines Budapester Sportklubs. Trotz dieser Zweckentfrem-

Die von Lipót Baumhorn errichtete ehemalige Synagoge dient heute als Sporthalle. Im Nebengebäude finden nach wie vor jüdische Gottesdienste und Kulturveranstaltungen statt.

The former synagogue, erected by Lipót Baumhorn, currently serves as a gym. In the adjacent building, Jewish services and cultural events still take place now as they did in the past.

Wallenberg was last seen alive in Budapest on 17 January 1945. He got into his car and was headed for Debrecen to pay a visit to the commander of the Red Army stationed there. His tracks end here. Wallenberg may have died in a Soviet prison or work camp in 1947; but there are reports from people who believed to have seen

Der Friedhof in der Lehel utca wurde bereits im 19. Jahrhundert eingerichtet, jedoch wieder aufgelassen, als der Friedhof in der Salgótarjáni út errichtet wurde. Heutzutage existieren davon lediglich noch ein paar unscharfe Fotografien.

Lehel utca cemetery was built at the beginning of the nineteenth century, but was abandoned when the cemetery on Salgótarjáni út was built. Existing today are only a few, mostly blurry, photographs.

dung ist das Gebäude heute noch eindeutig als Synagoge identifizierbar.

Im nebenan befindlichen jüdischen Kulturzentrum wurde ein Gebetsraum für die Gläubigen der Umgebung eingerichtet. In un-

him in the 1970s in prisons and hospitals. The reasons for the arrest and murder of the diplomat are unknown. It wasn't until 2000 that the Russian public prosecutor's office rehabilitated Wallenberg and his co-worker Vilmos Langfelder, who was also carried off.

They then called for a Russian-Swedish investigation commission to explain his death. There is currently no evidence for the assumption that Wallenberg had already died in 1947 in Moscow.

Since 1945, a street in the area of the former international ghetto in the thirteenth district bears Wallenberg's name.

Dózsa György út Synagoge
13., Dózsa György út 55

This synagogue was built after plans by the architect Lipót Baumhorn and was ceremonially opened in 1908. The oriental details of the façade, the rosette window, the colorfully glazed bricks, and the stained window glass all seemed entirely unusual for the surroundings.

The building was damaged in World War II and was subsequently neglected. It was first renovated in 1980.

mittelbarer Nähe, in der Tüzér utca, ist heute noch eine Mazzah-Bäckerei in Betrieb.

Ehemaliger Friedhof
Lehel utca

Dieser Friedhof wurde Anfang des 19. Jahrhunderts angelegt und in den folgenden acht Jahrzehnten von der Pester Gemeinde benutzt. Unter anderen beerdigte man hier die jüdischen Opfer des Aufstandes 1848/49.

Die Grabstätte wurde aufgelassen, als der neue Friedhof in der Salgótarjáni utca eröffnet wurde, die meisten Gräber verlegte man auf den Rákoskeresztúr-Friedhof. An den ehemaligen Friedhof in der Lehel utca erinnern nur mehr einige wenige zeitgenössische Aufnahmen.

Ehemaliges jüdisches Spital
13., Szabolcs utca 33

Die insgesamt sieben Gebäude des ehemaligen jüdischen Spitals wurden 1889 errichtet und waren Teil des ausgedehnten sozialen und medizinischen Netzes der Pester Gemeinde. Bis in die 1940er-Jahre war das jüdische Spital das modernste Krankenhaus des Landes, an dem auch die bekanntesten

Today, the building serves as a fencing hall for a Budapest sports club. Despite this conversion in use, the building is still clearly identifiable as a synagogue. In the adjacent Jewish cultural center, a house of prayer has been set up for local worshippers. Also nearby is a matzos bakery, which is still in operation today.

Former Cemetery
Lehel utca

This cemetery was laid out at the beginning of the nineteenth century and used for the following eight decades by the Pest community. Buried here are also the Jewish victims from the 1848/49 uprising.

The graveyard was liquidated when a new cemetery was opened on Salgótarjáni utca, and most of the graves were moved to the Rákoskeresztúr cemetery. The only memories of the cemetery on Lehel utca are a few pictures taken of it.

Former Jewish Hospital
13., Szabolcs utca 33

The seven buildings of the former Jewish hospital were built in 1889 and were part of the social and

Ärzte wie etwa Béla Korányi, Béla Molnár oder Emil Grosz wirkten.

Das Spital nahm, ohne Unterschiede zu machen, sowohl jüdische als auch nichtjüdische Patienten auf.

1950 wurde es verstaatlicht und dient seither als Klinik der Imre-Haynal-Universität für Gesundheitswissenschaften, benannt nach dem Herzspezialisten Imre Haynal (1892–1979), der als Professor in seiner Heimatstadt Kolozsvár (Cluj) einige jüdischen Kollegen vor der Deportation rettete.

Zwei weitere jüdische Institutionen, die in die Imre-Haynal-Universität integriert wurden, sind das ehemalige Bródy-Kinderspital, gestiftet 1897 von dem Journalisten Zsigmond Bródy in Erinnerung an seine Frau und erbaut von Vilmos Freund, und die Alice-Weiss-Geburtsklinik auf dem ehemaligen Bókay tér, gestiftet 1910 von dem Industriellen Manfréd Weiss.

medical network of the Pest Jewish community. Until the 1940s, the Jewish hospital was the country's most modern hospital, where the most famous doctors worked, such as Béla Korányi, Béla Molnár, and Emil Grosz. The hospital admitted Jewish as well as non-Jewish patients.

In 1950 it was nationalized and has since served as a clinic of the Imre-Haynal University for Health Sciences, named after the heart specialist Imre Haynal (1892 to 1979), who, as a professor, saved several of his Jewish colleagues from deportation in his hometown of Kolozsvár (Cluj).

Two further Jewish institutions, which were integrated into the Imre-Haynal University, are the former Bródy Children's Hospital, funded in 1897 by the journalist Zsigmond Bródy as a memorial to his wife and built by Vilmos Freund, and the Alice Weiss Maternity Clinic on the former Bókay tér, sponsored in 1910 by the industrialist Manfréd Weiss.

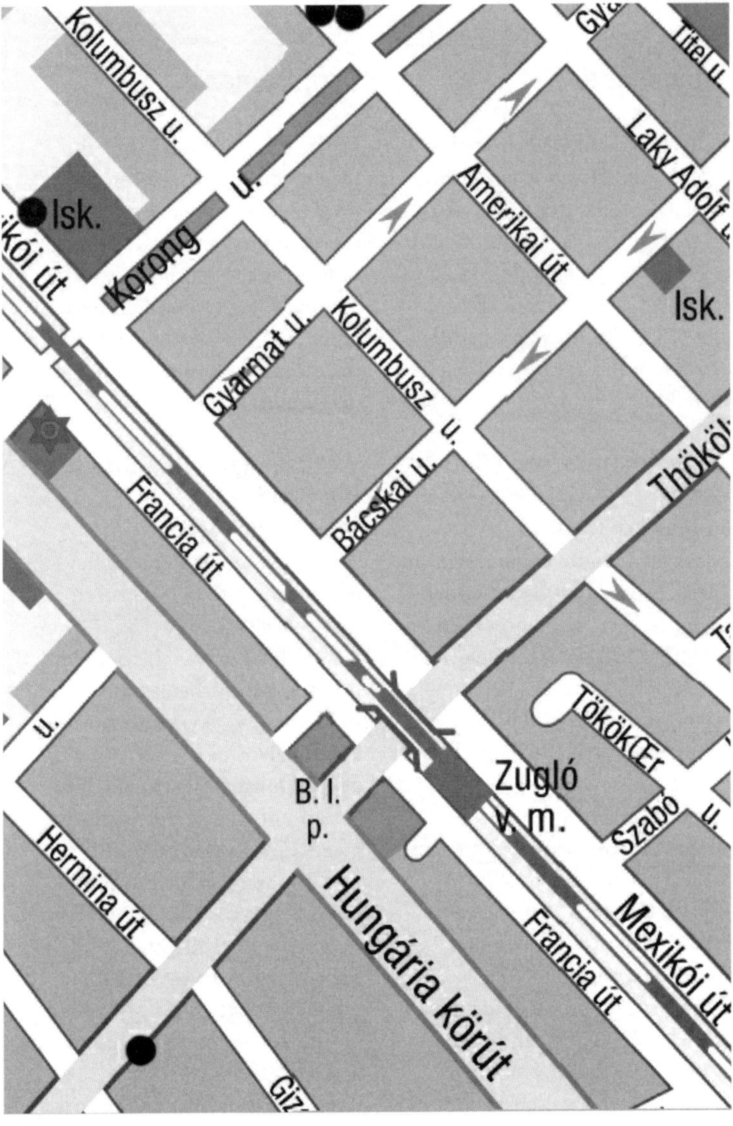
Kolumbusz u.
Korong u.
Isk.
Amerikai út
Isk.
Gyarmat u.
Kolumbusz u.
Bácskai u.
Francia út
Zugló v. m.
B. I. p.
Hermina út
Hungária körút
Francia út
Mexikói út
Szabó u.

Herminamezö

Im 14. Bezirk entwickelte sich um die Jahrhundertwende ein dichtes Netz aus medizinischen, sozialen und pädagogischen Institutionen der jüdischen Gemeinde von Pest. Der ungarische Architekt Béla Lajta (1873–1920) war einer der wichtigsten Protagonisten dieser Entwicklung.

Wechselmann'sches Blindeninstitut

14., Mexikói út 60

Das Institut wurde benannte nach seinem Stifter, dem Bauunternehmer Ignác Wechselmann (1828 bis 1903), dem damals einzigen jüdischen Mitglied des Architektenvereins in Pest. Wechselmann war unter anderem auch am Bau der Dohány-Synagoge beteiligt. Da seine Ehe kinderlos blieb, spendete er große Teile seines Vermögens für die Errichtung des Blindeninstituts, das nach Plänen von Béla Lajta zwischen 1905 und 1908 erbaut wurde.

Die Fassade ist ein leuchtendes Beispiel brillanter Jugendstilarchitektur. Die Details, etwa die bemalten Fenster, die Reliefs oder die bronzenen Ornamente, wur-

Herminamezö

At the turn of the century, the Jewish community in Pest developed a dense network of medical, social, and educational institutions in the fourteenth district. The Hungarian architect Béla Lajta (1873–1920) was one of the most important figures in this development.

Wechselmann Institute for the Blind

14., Mexikói út 60

The institute was named after its patron, the building contractor Ignác Wechselmann (1828–1903), who in his day was the only Jewish member of the architects' union in Pest. Wechselmann was also involved in the construction of the Dohány Synagogue. Since he did not have any heirs, he donated a major portion of his fortune to the construction of the Institute for the Blind, which was built between 1905 and 1908 on the basis of plans by Béla Lajta.

The façade is a shining example of brilliant art nouveau architecture. The details, such as the painted windows, reliefs, and bronze ornaments, were also created by

den jeweils von namhaften Künstlern geschaffen. Typisch für die Ornamentik des ungarischen Jugendstils sind die stilisierten Motive aus der Folklore. Der Eingang wird von zwei Säulen eingefasst, die mit jüdischen Symbolen verziert sind.

Das Gebäude wechselte seine Inhaber und seine Funktion einige Male. Heute ist hier ein Rehabilitationszentrum für körperlich behinderte Menschen eingerichtet.

Alten- und Pflegeheim der Pester Chevra Kadischa

14., Amerikai út 57

Das E-förmige Gebäude, auch ein Werk des Architekten Béla Lajta, wurde 1911 fertig gestellt. In seinem Erscheinungsbild mischen sich Elemente unterschiedlicher europäischer Kunstepochen mit Finessen der ungarischen Folklore. Die Reliefs sind mit biblischen Motiven im Stil der ungarisch-rumänischen Volkskunst dekoriert, über den Haupteingang wurde eine Mosesstatue von Ede Telcs gesetzt. Die beiden Nebeneingänge sind ebenfalls mit Reliefs geschmückt und mit je einem kupfernen, halbrunden Dach bedeckt. Diese üppige Verbindung

Das denkmalgeschützte ehemalige Altersheim wurde von Béla Lajta entworfen. Es ist ein Meisterwerk der Budapester Jugendstilarchitektur. Die Handschrift Lajtas tragen auch zahlreiche andere Gebäude der Umgebung.

The former home for the aged, under protection as a historical monument, was designed by Béla Lajta. It is a masterpiece of art nouveau architecture in Budapest. Lajtas's signature is also on numerous other buildings in the area, which were built around the turn of the century.

well-known artists. As is typical for Hungarian art nouveau ornamentation, the stylized motifs are taken from folklore. The entryway is bordered by two columns, which are decorated with Jewish symbols.

von Hoch- und Volkskunst ist charakteristisch für die Arbeiten Lajtas. Das Gebäude, heute ein neurologisches Institut, steht unter Denkmalschutz.

Jüdisches Spital und Altersheim

14., Amerikai út 53–55

Das ehemalige Blindeninstitut für Erwachsene, errichtet 1923, und das ehemalige Heim für Arme und Kranke, errichtet 1914, bilden heute gemeinsam das neue jüdische Spital. Es ist das einzige in Betrieb befindliche jüdische Krankenhaus in Mittel- und Osteuropa und wurde, nachdem es im Zweiten Weltkrieg beschädigt worden war, 1989/90 renoviert und um einen neuen Flügel erweitert.

Wie zur Blütezeit der jüdischen medizinischen Versorgung Anfang des 20. Jahrhunderts nimmt das Spital sowohl jüdische als auch nichtjüdische Patienten auf.

Ehemaliges jüdisches Gymnasium

14., Chazar András utca 10

Die Bauarbeiten zum Stiftungsgymnasium der jüdischen Gemeinde begannen 1912 nach Plänen von Béla Lajta, mussten aber

The building has had a number of different occupants and functions. Today it is a rehabilitation center for physically handicapped persons.

Nursing Home of Pest's Chevra Kadischa

14., Amerikai út 57

The E-shaped building, also the work of the architect Béla Lajta, was completed in 1911. Its appearance blends elements of various European artistic epochs with the flair of Hungarian folklore. The reliefs are decorated with biblical motifs in a Hungarian-Romanian folk art style. Above the entryway is a statue of Moses made by Ede Telcs. The two-sided entryways are also decorated with reliefs, and each is covered with a copper, half-dome ceiling. This opulent connection of high art and folk art is characteristic of Lajtas's works. The building, which currently houses a neurological institute, is protected as a historical monument.

Jewish hospital and nursing home

14., Amerikai út 53–55

This new Jewish hospital was formed by combining the former

1914, Beginn des Ersten Weltkrieges, eingestellt werden. Die Wiederaufnahme der Bauarbeiten erfolgte, geleitet vom Architekten Ármin Hegedüs nach den Originalplänen von Lajta, erst 1919. Der Komplex für Jungen wurde 1929 fertig gestellt, der für Mädchen erst 1931.

Das imposante, U-förmige Backsteingebäude war zur Zeit der Eröffnung eine der modernsten Schulen der Stadt. Der Eingang zum dreistöckigen Knabengymnasium befand sich in der Chazar András utca, der zum Mädchengymnasium in der Abonyi utca. Über den Dreifachtorbögen des Knabeneinganges sind zwei Reliefs aus Backstein in Form zweier Menorot zu sehen. Ähnliche Reliefs sind auch an anderen Stellen der Fassade angebracht. Besonders prächtig ist ein Löwe, der hofseitig über dem Eingang zum ehemaligen Turnsaal wacht. Der Eingang für die Mädchen wurde mit Frauengestalten aus dem Alten Testament geschmückt.

Die ehemalige Synagoge des Gymnasiums, heute als Festsaal genutzt, lag im zweiten Stock des Knabenflügels. Die riesigen bemalten Glasfenster wurden im

Institute for Blind Adults, erected in 1923, and the former Home for the Poor and Infirm, erected in 1914. It is the only working Jewish hospital in central and eastern Europe. The building suffered damage in World War II. Renovations were made and a new wing was added in 1989/90. As was the case in the heyday of Jewish medical care at the beginning of the twentieth century, the hospital admits both Jewish and non-Jewish patients.

Former Jewish secondary school

14., Chazar András utca 10

Construction work for the Jewish community's secondary school began in 1912 based on plans by Béla Lajta; however the work had to stop in 1914 at the beginning of World War I. Construction first resumed in 1919, under the architect Ármin Hegedüs, following Lajta's original plans.

The boys' school was completed in 1929, and the girls' school was first completed in 1931.

The imposing, U-shaped brick building was one of the most modern schools in the city at the time it was opened. The entrance

Zuge von Renovierungsarbeiten nach dem Zweiten Weltkrieg entfernt und sind heute im Jüdischen Museum zu sehen.

Nach 1945 wurde das Gymnasium verstaatlicht; die letzte jüdische Abschlussklasse maturierte hier 1946 unter drei verschiedenen Fahnen: die rot-weiß-grüne Ungarns, die blau-weiße der zionistischen Bewegung und die rote der russischen Befreiungsarmee. Die Schüler des jüdischen Gymnasiums wurden 1949 in ein anderes Gebäude umgesiedelt. Das Institut wurde 1965 nach Anne Frank benannt und befindet sich heute in der Bérkocsis utca.

Das Gebäude in der Chazar András utca beherbergt seither verschiedenste Aus- und Weiterbildungsstätten, heute befindet sich hier eine öffentliche Mittelschule, benannt nach dem ungarisch-jüdischen Lyriker Miklos Radnóti (1909–1944). An das ehemalige jüdische Gymnasium erinnert nur mehr eine Gedenktafel beim Eingang: „In Erinnerung an das Zuhause ungarisch-jüdischer Kultur, an das jüdische Gymnasium von Budapest (1919 bis 1949)." Radnóti, wohl einer der bedeutendsten Schriftsteller

to the three-story boys' school was on Chazar András utca, the entrance to the girls' school was on Abonyi utca. Over the triple archways of the boys' entrance are two brick reliefs in the form of two menorahs. Similar reliefs are also displayed in other locations on the façade. Particularly splendid is a lion, which stands guard on the courtyard side above the entrance to the former gymnasium. The girls' entrance is decorated with figures of women from the Old Testament.

The school's former synagogue, used as an events hall today, is on the second floor of the boys' wing. The huge, stained-glass windows were removed during renovation work after World War II and are now on display in the Jewish museum.

After 1945, the school was nationalized; the last Jewish graduating class finished here in 1946 under three different flags: the red-white-green flag of Hungary, the blue-white flag of the Zionist movement, and the red flag of the liberating Russian army. The students at the Jewish secondary school were moved to another building in 1949. The institute was named

Ungarns im 20. Jahrhundert, wurde am 9. November 1944 im Rahmen der „Todesmärsche“ zusammen mit 21 anderen ungarischen Juden kurz vor der Ortschaft Abda bei Györ erschossen und in einem Massengrab verscharrt, weil er als „marschunfähig“ galt.

1946 wurde das Massengrab exhumiert. Im Mantel einer der Leichen fand man ein Notizheft, auf dessen erster Seite folgender Text zu lesen war: „Dieses Büchlein enthält die Gedichte des ungarischen Dichters Miklos Radnóti. Der Finder wird gebeten, es Herrn Professor Gyula Ortulay, wohnhaft Budapest VII., Horanszky-Straße 1, li., zukommen zu lassen.“ Das Heft enthielt Gedichte und Notizen Radnótis, die einige Jahre nach seiner Ermordung veröffentlicht wurden. In seinem letzten Poem schrieb er über das Gefühl der Hoffnungslosigkeit, die ihn beschlich, als im Massengrab die Körper seiner toten Kameraden auf ihn fielen.

Synagoge Jávorka Ádám utca

14., Jávorka Ádám utca 15

Die Synagoge wurde im Zweiten Weltkrieg durch einen Bomben-

after Anne Frank in 1965 and can be found today on Bérkocsis utca.

The building on Chazar András utca has since housed various training and further education facilities. Currently, a public middle school is located here. It is named after the Hungarian-Jewish poet Miklos Radnóti (1909–1944). The former Jewish secondary school is commemorated simply by a memorial plaque at the entrance that reads: “In memory of this home of Hungarian-Jewish culture, the Jewish secondary school of Budapest (1919–1949).”

Radnóti, one of Hungary’s most important twentieth-century writers, was shot on 9 November 1944 together with twenty-one other Hungarian Jews on a death march. There they were murdered shortly just before the village of Abda near Györ because they were considered “incapable of marching” and were then buried in a mass grave.

The mass grave was exhumed in 1946. A notebook was found in the jacket of one of the corpses. On the first page, the following text was written: “This book contains the poems of the Hungarian poet Miklos Radnóti. If found,

einschlag zerstört und einige Jahre später abgetragen. Aus der übrig gebliebenen Einrichtung entstand im angebauten Kulturzentrum ein Gebetsraum. Heute ist das Haus das Zentrum der zionistischen Jugendorganisation *Habonim Dror*. An die ehemalige Funktion des Gebäudes erinnern die zwei Gesetzestafeln mit den zehn Geboten auf der Fassade.

Synagoge Thököly út

14., Thököly út 83

Dieses Wohnhaus wurde erst im Jahr 1930 gekauft und von der orthodoxen Gemeinde in eine Synagoge umgebaut. Die Rundfenster mit Davidstern und die Gesetzestafel im Tympanon deuten auf die Funktion des ansonsten sehr einfachen Gebäudes hin. Im Vorraum der spartanisch eingerichteten Synagoge erinnert eine Tafel an die im Holocaust umgekommenen Gemeindemitglieder.

Zu dem dichten Netzwerk jüdischer Einrichtungen im 14. Bezirk gehörten außerdem das ehemalige Mädchenwaisenhaus in der Hungária körút 149, in dem heute eine Sektion der Budapester Polizei ihre Büros hat, und das ehemalige jüdische Altersheim in der

please deliver it to Professor Gyula Ortulay, Budapest VII., Horanszky Street 1, left." The book contained Radnóti's poems and notes. They were published several years after his death. In his last poem, he wrote about the feeling of hopelessness which crept over him when the bodies of his dead comrades fell on him in the mass grave.

Jávorka Ádám utca Synagogue

14., Jávorka Ádám utca 15

The synagogue was destroyed by a bomb attack in World War II and removed several years later; a prayer room was created from the remaining furnishings in the adjacent cultural center. Today, the building is the center of the Zionist youth organization *Habonim Dror*. Two plaques on the façade with the Ten Commandments recall the building's previous function.

Thököly út Synagogue

14., Thököly út 83

This residential building was first bought in 1930 and rebuilt by the Orthodox Community for use as a synagogue. The round window

Hungária körút 167, heute eine Abteilung des Emil-Weil-Krankenhauses.

with the Star of David and the Ten Commandments in the tympanum give an indication of the function of the otherwise very simple building. In the foyer of the sparsely furnished synagogue, a plaque commemorates the community members who were murdered in the Holocaust.

Also belonging to the dense network of Jewish facilities in the fourteenth district are the former orphanage at Hungária körút 149, where today a section of the Budapest police has their offices, and the former Jewish nursing home at Hungária körút 167, today a department of the Emil Weil Hospital.

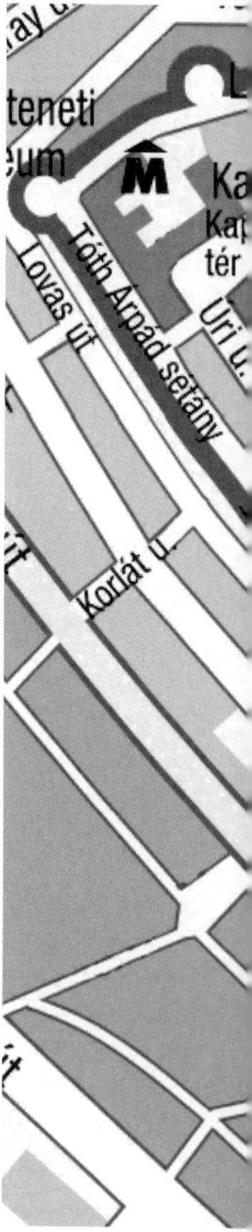
teneti
eum
Ka
tér
Lovas út
Tóth Árpád sétány
Úri u.
Korlát u.

Bécsi kapu tér
Babits Mihály s.
Babits M. köz
Táncsics M. u.
Franklin u.
Toldy Ferenc u.
VÍZIVÁROS
Gimnázium u.
Hunyadi
Fortuna u.
Iboly a u.
Halászbástya
Fortuna köz
Hess András tér
Mátyás templom
Dárda u.
VÁR
Úri u.
Szentháromság tér
Hadik A.
Hunyadi János út
Nőegylet u.
Szentháromság u.
Aranysas patikamúzeu
Isk.
Lovas út
Szent- Gránit lépcső
Balta köz
Tárnok
Haladon u.
Úri u.
Dísz tér
Tóth Árpád sétány
Hajdúk hősi emlékműve
déglátóipari Múzeum

Buda

Der Burgbezirk

Bereits im 12. Jahrhundert lebten im heutigen Burgbezirk vereinzelt Juden. Ihr geregelter Zuzug und die Ansiedlung größerer Gruppen waren jedoch erst seit dem Judenpatent des ungarischen Königs Béla IV. im Jahr 1251 möglich. Die Gemeinschaft ließ sich zunächst im südlichen Teil der Burganlage um den heutigen Szent György ter nieder. Darauf weist auch die frühere Bezeichnung des in der Nähe befindlichen Fehérvári-Tors hin: Es hieß Samstags- oder Judentor.

Die Synagoge des ersten Judenviertels wird in einigen Chroniken erwähnt, Überreste wurden bis heute jedoch nicht gefunden. Der alte Friedhof der Budaer Gemeinde befand sich am Fuß des Burghügels im ersten Bezirk, in der Umgebung der heutigen Alagút utca und Attila utca. Der älteste bekannte Grabstein stammt aus dem Jahr 1278 und trägt den Namen des Verstorbenen „Rav Pesach ben Rav Peter“, also „Herr Pesach, Sohn des Herrn Peter“. Der Grabstein ist im Historischen Museum der Stadt Budapest auf

Buda

The Castle District

Already in the twelfth century, the district known today as the castle district was home to some Jews. Their regulated influx and the settlement of larger groups were, however, first made possible in 1251 with the enactment of the Jewish Patent (privileges and regulations) by the Hungarian King Béla IV. The Jewish community first settled in the southern part of the castle area around today's Szent-György Square. This is evident from the earlier name for the nearby Fehérvári gate: it was called the Saturday, or Jewish gate.

The synagogue of the first Jewish quarter was mentioned in a few chronicles; however, remains have yet to be found. The old cemetery of the Buda community was at the base of the castle hills in the first district, near today's Alagút utca and Attila utca.

The oldest known gravestone is from the year 1278 and bears the name "Rav Pesach ben Rav Peter," which means "Mr. Pesach, son of Mr. Peter." The gravestone is displayed in the Historical Museum of the city of Budapest on the

dem Szent György tér im ersten Bezirk ausgestellt.

Die jüdische Bevölkerung wurde 1348 und 1360 aus Buda vertrieben; einmal wurde ihnen die Pestepidemie angelastet, einmal die beständige Verweigerung der Zwangstaufe. Als die Juden im Jahr 1364 in die Stadt zurückkehrten, waren ihre Häuser vom königlichen Hof und dem Adel enteignet. Ein neues Judenviertel musste erbaut werden, diesmal im nördlichen Teil des Burgbezirkes um die heutige Táncsics Mihály utca, die vermutlich deshalb jahrhundertelang Judengasse hieß.

So tauschte der König letztendlich seinen Platz mit den Juden.

Mendelhäuser

1., Táncsics Mihály utca 23, 26

Um 1960 fanden Archäologen in der ehemaligen Judengasse die Reste zweier alter Synagogen, und zwar dort, wo sich früher die Häuser der angesehenen Familie des Präfekten Mendel befanden.

Im Hof des Hauses Nummer 23 etwa wurden die Ruinen einer spätgotischen Synagoge entdeckt. Dieser bald „große Synagoge“ genannte Bau war architekturtypisch für seine Zeit und wurde auf Basis

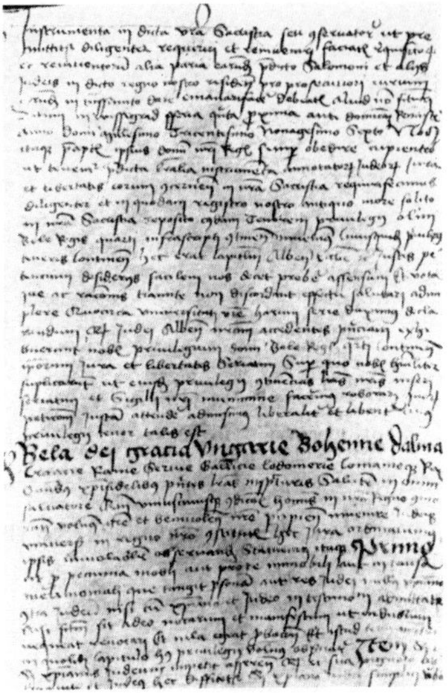

Das Judenpatent des ungarischen Königs Béla IV. aus dem Jahr 1251 ermöglichte Juden die Ansiedlung in Buda.

The Jewish edict from Hungarian King Béla IV from 1251 allowed Jews to settle in Buda.

Szent György Square in the first district.

The Jewish population was expelled from Buda in 1348 and 1360; first, they were blamed for the plague, and then they were condemned for steadfastly refusing to be baptized. When the Jews returned to the city in 1364, their

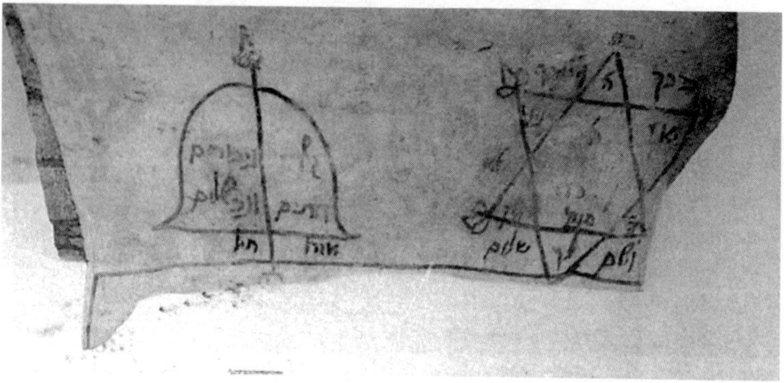

Wandmalerei am Bethaus im Mendel-Haus in der Táncsics Mihály utca.
Mural on the house of prayer in the Mendel House on Táncsics Mihály utca.

einer Säuleninschrift auf das Jahr 1461 datiert. Der rechteckige Innenraum war, ähnlich wie die Altneuschul in Prag, zweischiffig und ungefähr acht Meter hoch. Man findet diesen Synagogentyp in vielen mittelalterlichen Gemeinden Europas, etwa in Worms, Regensburg oder Krakau.

Während der Belagerung Budas durch kaiserliche Truppen im Jahr 1686 flüchtete ein großer Teil der Bevölkerung in die große Synagoge. Diese fiel aber einer Feuersbrunst zum Opfer, und viele Menschen starben in den Trümmern.

Bei den Grabungen fand man eine Menge Skelette, die in der

homes had been expropriated by the royal court and nobility. A new Jewish quarter had to be built, this time in the northern part of the castle district near today's Táncsics Mihály utca, which is probably why this street was called "Jew's Street" for several centuries.

In this sense, the king in effect traded places with the Jews.

Mendel houses

1., Táncsics Mihály utca 23, 26

Archeologists found the remains of two old synagogues in the former Jew's Street in 1960. The remains were found at the site of the houses of the respected family

Die Judenpräfekten

Seit König Béla IV. gab es die Position des Judenrichters; dieser war stets ein Nichtjude und für die weltliche Rechtsprechung der jüdischen Gemeinde zuständig. König Mátyás I., der Weise, (1443–1490) führte um 1470 das Amt des Judenpräfekten ein, der im weitesten Sinne die Aufgaben des Judenrichters übernahm. Somit wurden zum ersten Mal Juden als Vorsteher und Vertreter der jüdischen Gemeinde am königlichen Hof eingesetzt.

Die Präfekten waren Mitglieder des Hofes und werden in den Historien als feudale Edelmänner beschrieben, die gern gesehene Gäste waren. Männliche Mitglieder der aus Nürnberg stammenden Familie Mendel bekleideten das Amt des Präfekten bis zur türkischen Okkupation Ungarns; sie werden in den Chroniken als „Judenprinzen" bezeichnet.

The Jewish Prefects

Since King Béla IV, there was the position of the Jewish judge; always a non-Jew, he was responsible for the worldly administration of justice of the Jewish community. In 1470, King Mátyás I, The Wise, (1443–1490), introduced the post of Jewish prefect, who, in the broadest sense, took over the tasks of the Jewish judge. Thus, for the first time, a Jew was established as the head and representative of the Jewish community in the royal court.

The prefects were members of the court and were described in the annals as feudal noblemen, who were welcome guests. Male members of the Mendel family, originally from Nürnberg, filled the office of the prefect up to the time of the Turkish occupation of Hungary; in the chronicles they were described as the "Jewish princes."

Imre Szerencsés Fortunatus

An dieser Stelle soll eine weitere schillernde Figur der ungarischen Renaissance, der „Jud Süß" von Buda, Imre Szerencsés Fortunatus erwähnt werden. Er musste wie Hunderte seiner Glaubensgenossen während der Inquisition aus Spanien flüchten. Szerencsés, der damals noch Shlomo Shneor (der ältere Shlomo) hieß, gelangte um 1500 unter abenteuerlichen Umständen nach Buda. Hier machte er, worauf auch sein späterer Name verweist, sein Glück und wurde als reicher Finanzmann zum Schatzmeister des ungarischen Königs Lajos II. Um eine Christin heiraten zu können, ließ er sich im Jahr 1510 taufen und nahm den Namen Imre Szerencsés Fortunatus an.

Sein Glückssträhne war allerdings zu Ende, als er für die hohe Inflation und damit zusammenhängend für die Entwertung des königlichen Vermögens verantwortlich gemacht wurde. Szerencsés wurde von der Landesversammlung zum Tode verurteilt, doch in letzter Sekunde vom König persönlich begnadigt. Sein Leben war zwar gerettet, sein Haus und sein Vermögen wurden aber vom wutentbrannten Mob geplündert und zerstört.

Szerencsés nutzte jedoch seine zweite Chance und sanierte binnen kurzer Zeit die Staatsfinanzen, womit er auch seine Reputation am Hof wiederherstellen konnte. Kurz vor seinem Tod im Jahr 1526 stellte er dem König große Summen für die Ausrüstung der Armee zur Verfügung, welche die angreifenden osmanischen Truppen abwehren sollte. Szerencsés kehrte auf dem Totenbett zum Glauben seiner Vorfahren zurück und verstarb als Jude.

Imre Szerencsés Fortunatus

Here, at this point, we should mention a further ambivalent character of the Hungarian renaissance, the "Jud Süß" of Buda, Imre Szerencsés Fortunatus. Forced to flee Spain like hundreds of his fellow Jews during the Inquisition, Szerencsés, who was still named Shlomo Shneor (the older Shlomo) at the time, arrived in Buda in 1500 by way of an adventurous journey. Here he found his fortune, to which his later name refers, and as a rich financial figure became the treasurer to the Hungarian king Lajos II. In order to marry a Christian woman, he was baptized in 1510 and changed his name to Imre Szerencsés Fortunatus.

His lucky streak came to an end, however, when he was held responsible for the high inflation rate and for the consequent devaluation of the king's fortune. Szerencsés was sentenced to death by a national assembly, but at the last moment the king personally pardoned him. His life was saved, his house and fortune, however, were plundered and destroyed by a furious mob.

Szerencsés nonetheless used his second chance well and, within a very short time, he restored the national finances to a state of profitability, whereby he was also able to re-establish his position in the court. Shortly before his death in 1526, he placed huge sums at the king's disposal to equip the army that was meant to defend against the advancing Ottoman troops. On his deathbed, Szerencsés returned to the belief of his ancestors and died as a Jew.

Folge auf dem Friedhof Rákoskeresztur bestattet wurden.

Die archäologischen Zeugnisse der großen Synagoge von Buda mussten aber wegen technischer Schwierigkeiten und Geldmangels wieder zugeschüttet werden. Einige Überreste sind im Hof der kleinen Synagoge im Haus Nummer 26 zu sehen.

Die beiden Mendel'schen Häuser waren ursprünglich mit einer überdachten Brücke verbunden. Im Haus Nummer 26 befand sich im 16. und 17. Jahrhundert, während der Türkenherrschaft, die Synagoge der sephardischen Gemeinde. Das alte Bethaus besteht aus zwei Räumlichkeiten, das Sichtfenster der Frauengalerie ist deutlich zu sehen. Beeindruckende Wandmalereien, ausgeführt in leuchtend roter Farbe, zeigen Pfeil und Bogen mit einem eingeschriebenen Bibelvers: „Der Bogen des Starken ist zerbrochen, und die Schwachen sind umgürtet mit Stärke" (I. Sam. 2,4), und einen Davidstern, den der priesterliche Segensspruch umrahmt.

In den Synagogenräumen sind liturgische und profane Gegenstände der Budaer Juden zu sehen, beim Toreingang sind jüdische

of the prefect Mendel. In the courtyard of house number 23, the ruins of a late Gothic synagogue were discovered. This construction, soon dubbed the "large synagogue," was architecturally typical for its time and was dated from 1461 on the basis of a column inscription. The rectangular inner room, similar to the Old New Synagogue in Prague, had two aisles and was approximately eight meters high. This type of synagogue can be found in many medieval communities in Europe, for example in Worms, Regensburg, or Krakow.

During the occupation of Buda by imperial troops in 1686, a great part of the population fled to the large synagogue. However, it went up in flames and many people died in the wreckage. The excavation uncovered a large number of skeletons, which were then brought for burial to the Rákoskeresztur cemetery.

The archeological evidence of the large synagogue from Buda had to be covered over due to technical difficulties and a lack of funding. Several remnants can be seen in the courtyard of the small synagogue at house number 26.

Grabsteine aus dem Mittelalter ausgestellt.

Synagoge Kelenföld-Lágymányos

11., Bocskai út 37

Der moderne Bau der Architekten Ede Novák und István Hamburger wurde 1936 als orthodoxe Synagoge eingeweiht. Er ist somit der letzte vor Beginn des Zweiten Weltkriegs erbaute Tempel in Budapest. In vielerlei Hinsicht war diese Synagoge Vertreterin einer neuen Epoche jüdischer Sakralarchitektur.

Das Gebäude, das einst über 950 Sitzplätze verfügte, wurde teilweise umgebaut und wird heute für profane Zwecke benutzt. Nur einige Details, etwa die Menora an der Einfriedung, erinnern noch an die ursprüngliche Funktion des Gebäudes.

Die bemalten Glasfenster des ehemaligen Tempels zieren heute die Synagoge des Rabbinerseminars in Pest.

Krankenhaus der Budaer Chewra Kadischa

12., Maros utca 16

Anhand der Geschichte der Spitäler des zwölften Bezirks lassen

The two Mendel houses were originally connected with a covered bridge. Number 26 housed the synagogue of the Sephardic community in the sixteenth and seventeenth centuries, during the Turkish occupation.

The old house of prayer consists of two rooms; the viewing window of the women's gallery is clearly visible.

Impressive murals, done in luminous red colors show a bow and arrow with an inscribed bible verse: "The bow of the stronger is broken, and the weaker are surrounded with strength" (I. Sam. 2,4), and a Star of David, which is framed by the priestly blessing.

Liturgical and secular objects of the Buda Jews can be seen in the synagogue rooms. Medieval Jewish gravestones are exhibited near the entry gate.

Kelenföld-Lágymányos Synagogue

11., Bocskai út 37

The modern building by the architects Ede Novák and István Hamburger was consecrated as an orthodox synagogue in 1936. It is thereby the last temple built in Budapest before the beginning of

sich die furchtbaren Ereignisse des Frühjahrs 1945 eindrücklich illustrieren.

Das weiträumige und für die damalige Zeit hochmodern ausgestattete Krankenhaus in der Maros utca war im Jahr 1931 vom Sozialverein Chewra Kadischa eröffnet worden. Nach dem Einmarsch der deutschen Wehrmacht 1944 suchten und fanden hier viele Verfolgte hier Asyl. Doch für viele wurde der Zufluchtsort zum Grab. Am 12. Jänner 1945 überfielen Einheiten der faschistischen Pfeilkreuzler das Krankenhaus und ermordeten erbarmungslos Kranke und Flüchtlinge, Pfleger und Ärzte.

Heute ist in dem Gebäude ein öffentliches Ambulatorium untergebracht. An die Ermordeten erinnert eine Gedenktafel im Hochparterre.

Krankenhaus der orthodoxen Gemeinde

12., Városmajor utca 64–66

Einige Tage nach dem Massaker im Chewra-Kadischa-Krankenhaus erschienen bewaffnete Pfeilkreuzler im Krankenhaus der orthodoxen Gemeinde in der Városmajor utca, um erneut zu morden.

World War II. In many ways, this synagogue was a representative of a new epoch of Jewish sacral architecture.

The building, which once seated 950 worshippers, was partially rebuilt and is used for secular purposes. Only a few details, such as the menorah on the wall, recall the building's original function.

The stained glass windows from the former temple adorn the synagogue of the Rabbinical Seminary in Pest.

Hospital of Buda's Chevrah Kadisha

12., Maros utca 16

The horrendous events of spring 1945 are illustrated through the example of the history of the hospitals of the twelfth district.

The Chevrah Kadisha social organization opened the hospital on Maros utca in 1931. It was spacious and it had highly modern equipment for the time. After the invasion by the German armed forces in 1944, large numbers of persecuted persons sought and found asylum here. Yet for many, the site of refuge became a grave. On 12 January 1945, units of the fascist Arrow Cross attacked the

Die Szálasi-Schergen töteten insgesamt 154 Menschen – Kinder, Alte, Kranke, Personal und selbst der Direktor des Spitals – auf brutale Weise und steckten anschließend das Gebäude mitsamt den Leichen in Brand.

Das Haus wurde nach dem Krieg abgerissen.

Orthodoxes Altersheim

12., Városmajor utca 62

Hier, dem ehemaligen orthodoxen Krankenhaus benachbart, stand das jüdische Altersheim der orthodoxen Gemeinde.

Das Rote Kreuz unternahm während des Zweiten Weltkriegs des Öfteren Versuche, die Bewohner des Heims zu retten – letztlich ohne Erfolg. Am 19. Jänner 1945 töteten Pfeilkreuzler-Einheiten, bewaffnet mit Maschinenpistolen und Handgranaten, die 90 Insassen des Altersheims, größtenteils hilflose Pfleglinge.

Orthodoxer Friedhof

12., Csörsz utca 55

Der Friedhof wurde um 1890 in direkter Nachbarschaft zu einem großen christlichen Friedhof angelegt, welcher im Lauf der Zeit aber aufgelöst wurde. Die jüdische Ab-

hospital, mercilessly murdering the sick, refugees, nurses, and doctors.

A public clinic is housed in the building today. A memorial plaque found on the raised first floor commemorates those murdered.

Hospital of the Orthodox Community

12., Városmajor utca 64–66

Several days after the massacre in the Chevrah Kadisha Hospital, armed Arrow Cross troops arrived in the hospital of the orthodox community on Városmajor utca, to continue their murder spree. Szálasi's henchmen brutally killed a total of 154 people—children, elderly, infirm, personnel, even the director of the hospital—and subsequently set the building, including the corpses, on fire. The building was torn down after the war.

Orthodox Nursing Home

12., Városmajor utca 62

Here, next to the former Orthodox Hospital, was the Jewish Nursing Home for the Orthodox Community. The Red Cross made frequent attempts to save the inhabitants of the home during World War II,

Der orthodoxe Friedhof in der Csörsz utca.
Orthodox cemetery on Csörsz utca.

teilung blieb hingegen bis heute erhalten.

Der Friedhof ist sehr klein, die Grabsteine liegen sehr dicht nebeneinander und erzeugen eine sehr intime Atmosphäre, ähnlich dem alten Friedhof in Prag. Zudem befindet sich die Anlage unterhalb des Straßenniveaus und ist umgeben von Steinmauern. Der *derekh kohanim* genannte Pfad durch das Areal trennt rituell die Gräber der Männer von denen der Frauen.

Es finden sich hier auch einige ältere Grabsteine, die vermutlich von aufgelassenen Friedhöfen stammen. Das wohl bekannteste Grab ist das zeltförmige, mit einer Krone geschmückte Grabmal von Jakob Koppel Reich (1838–1929), dem Oberrabbiner der orthodoxen Gemeinde in der Kazinczy-Straße und später auch Mitglied des Oberhauses des ungarischen Parlaments. Abergläubige Menschen stecken heute noch Wunschzettel, so genannte *kvitl*, in die Spalten und Risse des Grabsteins und hoffen auf die baldige Erfüllung der Wünsche.

Auch Jakob Reichs Schwiegersohn Chaim Dovid Sofer, ein Nachfahre des bedeutenden Press-

however, in the end they were unsuccessful. On 19 January 1945, Arrow Cross units, armed with machine guns and hand grenades, killed the 90 inhabitants of the old-age home, who for the most part, were helpless, bedridden persons.

Orthodox Cemetery
12., Csörsz utca 55

The cemetery was laid out in 1890 directly next to a large Christian cemetery, which was liquidated over the course of time. The Jewish section, on the contrary, remains preserved until today.

The cemetery is very small; the gravestones are packed tightly together and create a highly intimate atmosphere, similar to the old cemetery in Prague. In addition, the grounds are below street level and are surrounded by a stone wall. The path known as *derekh kohanim*, which leads through the grounds, ritually separates the graves of the men from those of the women.

There are also several older gravestones here that are probably from liquidated cemeteries. The most famous grave is the tent-shaped headstone decorated with a crown

burger Rabbiners Moses Sofer, ist hier beerdigt, ebenso wie Mitglieder der Óbudaer Großindustriellenfamilie Freudiger. Diese stellte über mehrere Generationen hinweg immer wieder den Präsidenten der orthodoxen Gemeinde.

Ein Gedenkstein erinnert an die Opfer des Massakers im orthodoxen Krankenhaus in der Maros utca.

Friedhof Farkasrét

12., Érdi út 9

Dieser Friedhof wurde 1885 von der jüdischen Gemeinde errichtet. Die Zeremonienhalle gleich beim Eingang ist ein einfach gestaltetes Backsteingebäude. Unmittelbar davor wurden die Rabbiner der Budaer Gemeinde bestattet, unter ihnen Rafael Goldberg, Arnold Kiss, Artúr Geyer und Imre Benoschofsky.

Weitere prominente Persönlichkeiten, deren Gräber sich hier befinden, sind etwa der Psychoanalytiker Sándor Ferenczy, der Atomphysiker Kornél Lánczos, der Architekt Lászlo Vágo (er entwarf unter anderem den Tempel der Helden in der Dohány utca) oder der Waffenkonstrukteur und -fabrikant Rudolf Frommer.

from Jakob Koppel Reich (1838 to 1929), the head rabbi of the orthodox community on Kazinczy street and later also a member of the upper house of the Hungarian parliament. Superstitious people still stick notes with their wishes, so-called *kvitl*, in the cracks and crevices of the gravestone and hope for a speedy fulfillment of their wishes.

Also buried here is Jakob Reich's son-in-law Chaim Dovid Sofer, a descendant of the famous Rabbi Moses Sofer from Bratislava, as well as members of Óbuda's large industrial family, Freudiger. For several generations, a member of this family assumed the position of President of the Orthodox Community. A memorial stone commemorates the victims of the massacre in the orthodox hospital on Maros utca.

Farkasrét Cemetery

12., Érdi út 9

This cemetery was built by the Jewish community in 1885. The ceremony hall directly at the entrance is a simply designed, brick building. Buried immediately in front of it are the rabbis of the Buda community, among them

Manche Grabsteine tragen die Inschrift „Pro Patria“ und erinnern damit an die Gefallenen des Ersten Weltkriegs.

Rafael Goldberg, Arnold Kiss, Artúr Geyer or Imre Benoschofsky. Further prominent personalities, whose graves can be found here, are the psychoanalyst Sándor Ferenczy, the atomic physicist Kornél Lánczos, the architect Lászlo Vágo (who, among others, drafted the Temple of Heroes on Dohány utca), and the weapons designer and manufacturer Rudolf Frommer.

Some gravestones have the inscription "Pro Patria" and thus recall those who served and fell in World War I.

Dokumenten aus dem 14. und 15. Jahrhundert zufolge gab es bereits vor der türkischen Besetzung jüdisches Leben in Óbuda. Nach der Befreiung Budas Ende des 17. Jahrhunderts wurden die Gesetze, die die Niederlassung von Juden in Buda verboten, auch auf Pest ausgeweitet und galten bis zur Regierungszeit Kaiser Josephs II. Das Verbot galt jedoch nicht für die Ländereien der Aristokratie außerhalb der Stadtmauern.

Die ländliche Oberschicht sah in der Ansiedlung jüdischer Familien auf ihrem Besitz große wirtschaftliche Vorteile, da deren Kontakte in alle Welt vor allem für den Handel mit landwirtschaftlichen Produkten nützlich waren.

Óbuda befand sich um diese Zeit im Besitz der Grafenfamilie Zichy. Diese verpachtete und verkaufte bereitwillig Grundstücke an jüdische Familien, um das Wirtschaftsleben der Siedlung zu fördern. Rasch entwickelte sich hier eine relativ starke und weitgehend unabhängige jüdische Gemeinde. An der Spitze der Selbstverwaltung stand der „Judenrichter", der bereits Ende des 18. Jahr-

According to documents from the fourteenth and fifteenth centuries, Jewish life existed in Óbuda even before the Turkish occupation. After the liberation of Buda at the end of the seventeenth century, laws forbidding the settlement of Jews in Buda were also extended to Pest. The ban remained in force until Emperor Joseph II's term in office, but it did not apply beyond the city walls to the estates of the aristocracy.

The rural upper class enjoyed great economic advantages from the settlement of Jewish families on their property. They had contacts throughout the world, which were useful for trade, particularly in agricultural products.

At this time Óbuda was owned by the noble family Zichy. They readily rented and sold property to Jewish families to promote the economic life of the settlement. A relatively strong and largely independent Jewish community rapidly developed. At the top of the Jewish self-administration was the "judge of the Jews," who presided over 2,000 souls by the end of the eighteenth century. At the

hunderts für über 2000 Seelen verantwortlich war; Anfang des 19. Jahrhunderts zählten bereits 3000 von den über 7000 Einwohnern Óbudas zur jüdischen Gemeinde.

Ehemalige Synagoge
3., Lajos utca 163

Die Gemeinde besaß bereits im 18. Jahrhundert eine Synagoge als Zentrum des jüdischen Lebens um den Judenplatz in der heutigen Lajos utca, die Anfang des 19. Jahrhunderts baufällig wurde. Deshalb ließ die Gemeinde ein repräsentatives, der prosperierenden Situation der Gemeinde entsprechendes Gotteshaus erbauen. Die große klassizistische Synagoge, vom Architekten András Landherr errichtet, wurde 1821 eingeweiht.

Die sechs korinthischen Säulen, errichtet in Anlehnung an griechische Tempelbauten, tragen das Tympanon, in dem früher eine Uhr eingebaut war, über dem Eingang.

Darunter ist eine hebräische Inschrift zu sehen, ein Zitat aus dem ersten Buch der Könige 8:38: „Wer dann bittet und fleht, soll seine Hände nach diesem Hause strecken."

beginning of the nineteenth century, almost 3,000 of Óbuda's 7,000 residents were members of the Jewish community.

Former Synagogue
3., Lajos utca 163

At the beginning of the nineteenth century, the community's Jewish life centered around a synagogue that was already badly in need of repair, and was located near the Jew's square in what today is Lajos utca. For this reason, the community commissioned the building of a temple representative of their prosperous situation. The large, classical synagogue, built by the architect András Landherr, was edified in 1821.

Over the entryway, six Corinthian columns, based on Greek temple constructions, carry the tympanum, which previously housed a built-in clock. Below is a Hebrew inscription, a quote from the first book of Kings 8.38: "Who prays and supplicates, shall spread their hands toward this house."

The quote reflects the spiritual attitude of the former rabbi of the Óbuda community, Moses Münz (1750–1831). He also emphasized this in his speech at the edification:

Die neoklassizistische Synagoge in Óbuda birgt heute Studios des ungarischen Rundfunks.

The neo-classical synagogue in Óbuda currently houses studios of the Hungarian broadcasting network.

Das Zitat spiegelt die geistige Haltung des damaligen Rabbiners der Óbudaer Gemeinde Moses Münz (1750–1831) wider, die die-

"Only the prayer that is spoken in the synagogue will be heard." The synagogue was thus clearly regarded as the center of religious life,

ser auch in seiner Eröffnungsrede betont hatte: „Nur das Gebet, das in der Synagoge gesprochen wird, wird auch erhört." Damit stand die Synagoge im Mittelpunkt des religiösen Lebens, ganz im Sinne ihres biblischen Vorbildes, des Jerusalemer Tempels.

Der Innenraum, mit asymmetrischem Grundriss und in drei Abschnitten mit böhmischem Gewölbe bedeckt, ist von imposanter Größe, mit Frauengalerien an der Nord- und Westseite des Raumes. Das Lesepult (bimah) stand in der Mitte, war aus Holz, mit vier Säulen, ganz im Empire-Stil, weiß und goldfarben bemalt, mit je einem napoleonischen Adler an den Säulenspitzen.

Das Gebäude dient heute als Fernsehstudio und kann nicht besichtigt werden. Die Fassade wurde zwar restauriert, jedoch erfolgten im Inneren zweckgebundene Umbauten.

Textilfabrik Goldberger
3., Lajos utca 136–138

Jüdische Händler und Geschäftsleute waren maßgeblich an der Entwicklung der ungarischen Industrie beteiligt. Die zahlreichen Blaufärbereien bildeten den

entirely in keeping with its biblical role model, the Temple of Jerusalem.

The inner room, laid out asymmetrically and covered in three sections with Bohemian vaults, is imposing in size; a women's gallery is featured on the north and west sides of the room. The Bimah formerly stood in the middle: the wood construction contained four columns, entirely in keeping with the imperial style, painted with white and gold, with a Napoleonic eagle on the capitals of the columns.

Today the building serves as a television studio and is not open to the public. While the façade was properly restored, only practical adaptations were made in the interior to serve the television corporation's purposes.

Textile factory Goldberger
3., Lajos utca 136–138

Jewish merchants and businessmen were greatly involved in the development of Hungarian industry. The numerous blue-dye works marked the beginning of the successful textile industry in Óbuda. The firm Sámuel Goldberger & Söhne was the most renowned

Kaiser Franz Joseph I. besuchte 1857 die Textilfabrik der Familie Goldberger und erhob den Patron in den Ritterstand.

Emperor Franz Joseph I visited the Goldberger family's textile factory in 1857 and elevated the family patron to nobility.

Anfang der erfolgreichen Textilindustrie von Óbuda. Die Firma Sámuel Goldberger & Söhne war hierbei die bekannteste. In der Nähe der Synagoge erinnern heute noch Fabriks- und Bürogebäude entlang der Lajos utca an diese mächtige Familie der ungarischen Industriegeschichte.

here. Near the synagogue, the factory and office buildings along Lajos utca recall this powerful family, prominent in Hungarian industrial history.

A one-story factory building, still standing today, housed the main headquarters of the blue-dye works founded in 1785 by Ferenc Goldberger (1755–1834). The following generations of the family built up the business. The founder's sons, Sámuel and Fülöp, took over the management of the firm in 1825 and through significant technical and logistical improvements, expanded it to one of the largest industrial undertakings in Hungary by the middle of the nineteenth century. Emperor Franz Joseph I visited the factory in 1857 and elevated the family to Hungarian nobility.

The final head of the family, Leó Buday-Goldberger, was, amongst other things, also a member of the upper house of the Hungarian parliament. In 1944, during the National Socialist occupation of Hungary, he was able to help his family escape to Portugal, while remaining of his own free will in Budapest, aware that he would not escape deportation. Buday-

In einem einstöckigen Fabriksgebäude, das heute noch existiert, befand sich der Hauptsitz der 1785 von Ferenc Goldberger (1755 bis 1834) gegründeten Blaufärberei. Die folgenden Generationen der Familie bauten das Unternehmen aus. Die Söhne des Gründers, Sámuel und Fülöp, übernahmen 1825 die Leitung der Firma und ließen diese durch bedeutende technische und logistische Neuerungen bis Mitte des 19. Jahrhunderts zu einem der größten Industrieunternehmen Ungarns wachsen. Kaiser Franz Joseph I. besuchte die Fabrik 1857 und erhob die Familie in den ungarischen Adelsstand.

Der letzte Oberhaupt der Familie, Leó Buday-Goldberger, war unter anderem Mitglied des Oberhauses des ungarischen Parlaments. 1944, während der nationalsozialistischen Besetzung Ungarns, gelang es ihm zwar aufgrund seines Vermögens und seiner Kontakte, seiner Familie zur Flucht nach Portugal zu verhelfen, er selbst blieb jedoch freiwillig in Budapest zurück, obwohl er wusste, dass er der Deportation nicht entkommen würde. Buday-Goldberger wurde ins Konzentrationslager

Leó Buday-Goldberger (1878 bis 1945), Präsident der Goldberger-Textilwerke, Oberhausmitglied.

Leó Buday-Goldberger (1878 to 1945), president of the Goldberger textile works and member of the upper house.

Goldberger was transported to the concentration camp Mauthausen, where he died of malnutrition and the effects of torture within days after liberation by the allied forces.

József Österreicher Manes (ca. 1756–1832) also came from Óbuda. In 1782, he was Hungary's first Jewish doctor to be educated at a Hungarian university.

József Österreicher Manes (1756–1832).

Mauthausen verfrachtet, wo er einige Tage nach der Befreiung durch die Alliierten an Unterernährung und den Folgen von Folterungen starb.

József Österreicher Manes (um 1756–1832) stammte ebenfalls aus Óbuda. Er war im Jahr 1782 der erste jüdische Arzt Ungarns, der auf einer ungarischen Universität ausgebildet worden war. Als Kurarzt am Plattensee analysierte er die Heilwässer von Buda und Balatonfüred, publizierte Untersuchungen zu diesem Thema

He was the spa doctor at the Lake Balaton resort and analyzed the thermal waters of Buda and Balatonfüred, published studies on it, and introduced revolutionary healing methods.

Újlak Synagoge

2., Frankel Leó utca 49

The little village of Újlak was located south of Óbuda. Numerous Jewish families also settled there in the eighteenth and nineteenth centuries. The small neo-Gothic synagogue, built by the architect Sándor Fellner (1857–1944), was constructed at the site of an older one that had been torn down.

Originally, the building stood in an open square, together with smaller, ground-level houses from the Jewish Community. In 1928, the Jewish Community of Buda had its six-story central office built around the little synagogue so that today the prayer house is in an inner courtyard. The façade of the administration building displays numerous Jewish symbols such as menorahs, the tablets of the Ten Commandments, or stars of David.

One arrives at the entrance to the brick synagogue through the

und führte für die damalige Zeit revolutionäre Heilmethoden ein.

Synagoge Újlak
2., Frankel Leó utca 49

Südlich von Óbuda lag die kleine Ortschaft Újlak, wo sich seit dem 18. Jahrhundert ebenfalls zahlreiche jüdische Familien niederließen.

Die kleine neugotische Synagoge des Architekten Sándor Fellner (1857–1944) wurde 1888 an der Stelle eines älteren Bethauses gebaut. Ursprünglich stand der Bau an einem offenen Platz, zusammen mit kleineren, ebenerdigen Häusern der jüdischen Gemeinde. Die jüdische Gemeinde Buda ließ aber 1928 ihr sechsstöckiges Zentralgebäude um die kleine Synagoge bauen, sodass das Bethaus heute in einem Innenhof steht. Die Fassade des Gebäudes der Gemeindeverwaltung zeigt zahlreiche jüdische Symbole wie Menorah, Gesetzestafel oder Davidsterne.

Durch das gusseiserne Tor des Verwaltungsgebäudes kommt man zum Eingang der aus Backstein gebauten, mit Spitzbogenfenstern versehenen Synagoge. Auf beiden Seiten befinden sich die Eingänge zu den Treppenhäusern der Frauengalerien, die im Innenraum

Eingang zur Synagoge im Hof der Frankel Leó utca 49. Von der Budaer Gemeinde wurde im Jahr 1928 ein Wohnhaus rund um die Synagoge erbaut.

Entryway to the synagogue in the courtyard of Frankel Leó utca 49. The residential building was constructed around the synagogue by the Buda Jewish Community in 1928.

dreiseitig angelegt sind. Das Lesepult liegt in der Mitte des Raumes, der Thoraschrank befindet sich in einer gotisch gestalteten Nische. Auf beiden Seiten der Nische sind Spitzbogenfenster mit bemaltem Glas eingelassen. An den Wänden befinden sich Gedenktafeln, die an Märtyrer und bedeutende Rabbiner der Budaer Gemeinde erinnern. Zur Inneneinrichtung gehört auch eine Orgel. Insgesamt sind in der Synagoge 300 Sitzplätze vorhanden.

Obwohl es keine selbstständige Budaer Gemeinde mehr gibt, sind die Büros der Bezirksverwaltung sowie Räumlichkeiten für kulturelle Veranstaltungen im großen Gebäude untergebracht.

Friedhof Óbuda

3., Külsö Becsi ut 369

Auf diesem erst 1922 eröffneten Friedhof befinden sich zahlreiche alte Grabsteine, da Gräber älterer, aufgelassener Friedhöfe hierher übersiedelt wurden.

Den Eingangsbereich der Zeremonienhalle auf der Friedhofsseite dominiert eine Vorhalle mit Säulen, im einfachen Innenraum sind drei bemalte Glasfenster zu sehen. Gleich nach dem Friedhofstor

cast-iron door of the local administration building. The synagogue features stained glass lancet windows. On each side are entrances to the stairways of the women's galleries, which are laid out on three sides of the inner room.

The lectern is in the middle of the room; the Torah Ark is located in a Gothic-style niche. On both sides of the niche are lancet windows with stained glass. On the walls are memorial plaques commemorating martyrs and important rabbis from the Buda Community. The synagogue, which is also furnished with an organ, has a total of 300 seats.

Although an independent Jewish Community no longer exists in Buda, the offices of the district administration and the premises for cultural events are housed in the large building.

Óbuda cemetery

3., Külsö Becsi ut 369

In the cemetery, first opened in 1922, are numerous older graves. The graves from older, liquidated cemeteries were moved here. A portico adorned with columns dominates the entrance area of the ceremonial hall on the cemetery

sind die Gräber aus dem 18. und 19. Jahrhundert untergebracht. Hier findet sich unter anderem die Ruhestätte des berühmten Oberrabbiners von Óbuda Moses Münz, der zwischen 1790 und 1831 der Gemeinde vorstand.

Das Denkmal der der Shoah zum Opfer gefallenen Märtyrer von Óbuda befindet sich dem Friedhofstor gegenüber. Ein Massengrab – Opfer des Krankenhauses in der Maros utca – sowie ein Grab, in dem geschändete Thorarollen und ein in einem Konzentrationslager aus sterblichen Überresten von Juden hergestelltes Stück Seife beerdigt sind, erinnern ebenfalls an den Zweiten Weltkrieg.

side; in the simple inner room are three stained-glass windows.

Immediately past the cemetery gate lie the graves from the eighteenth and nineteenth centuries. Here is the last resting place of Moses Münz, among others. He was the head rabbi of Óbuda and also the community's chairman from 1790 and 1831.

The memorial for the martyrs of Óbuda, who fell as victims of the Shoah, lies opposite the cemetery gate.

A mass grave of victims of the hospital in Maros utca as well as a grave with desecrated Torah scrolls and a piece of soap, made in a concentration camp from the mortal remains of Jews, also remind us of World War II.

Jüdisches Leben in Budapest

Im Folgenden finden Sie Telefonnummern, Post- und Internetadressen von jüdischen Serviceeinrichtungen aller Art in Budapest. Die Angaben befinden sich auf dem Stand vom Juni 2004; wir ersuchen aber um Verständnis, dass sich besonders Telefonnummern und E-Mail-Adressen mitunter rasch ändern, sodass die nachstehenden Informationen leider ohne Gewähr erfolgen müssen.

Friedhöfe

Die meisten Friedhöfe sind zwischen 8.00 und 16.00 Uhr geöffnet.

Alter orthodoxer Friedhof, XII. Csörsz utca 35, Budapest
Telefon: (01) 339 83 95
Auf diesem malerischen Friedhof finden seit 1961 keine Begräbnisse mehr statt. Besucher werden um Voranmeldung gebeten.

Friedhof Farkasrét, XII. Érdi út 9, Budapest
Telefon: (01) 249 26 71

Friedhof Kerepes, VIII. Salgótarjáni út, Budapest
Telefon: (01) 314 12 69
Dieser Friedhof wurde 1874 errichtet und war unter anderem Grabstätte der wirtschaftlichen und kulturellen Aristokratie Budapests.

Friedhof Óbuda, III. Bécsi út 369, Budapest
Telefon: (01) 250 60 60
Die Gräber der aufgelassenen Friedhöfe in Óbuda wurden auf diesen 1922 errichteten Friedhof übersiedelt.

Friedhof Rákoskeresztúr, X. Kozma utca 6, Budapest
Telefon: (01) 265 24 58
Dies ist der größte jüdische Friedhof Ungarns. Unter anderem befindet sich hier auch ein Denkmal für die über 600.000 ungarischen Opfer des Holocaust.

Jewish Life in Budapest

In the following, please find telephone numbers, postal and Internet addresses for a wide variety of Jewish services in Budapest. The information is current up to June 2004. However, telephone numbers and e-mail addresses can change frequently; therefore, we cannot guarantee the accuracy of the following information.

Cemeteries

Most cemeteries can be visited from 8 a.m.–4 p.m.

Farkasrét Cemetery, XII. Érdi út 9, Budapest
Phone: (01) 249 26 71

Kerepes Cemetery, VIII. Salgótarjáni út, Budapest
Phone: (01) 314 12 69
Members of the pre-war banking and industrial aristocracy, as well as outstanding representatives of cultural life, are buried here.

Óbuda Cemetery, III. Bécsi út 369, Budapest
Phone: (01) 250 60 60
The deceased from the former Óbuda cemeteries no longer in use were reburied in this cemetery (established in 1922).

Old Orthodox Cemetery, XII. Csörsz utca 35, Budapest
Phone: (01) 339 83 95
Burials in this picturesque old cemetery ceased in 1961; visits must be arranged with the Orthodox Community at Dob utca 35.

Orthodox Cemetery, X. Gránátos utca 12, Budapest
Phone: (030) 258 39 30
The Orthodox cemetery is behind the cemetery on Kozma út.

Rákoskeresztúr Cemetery, X. Kozma utca 6, Budapest
Phone: (01) 265 24 58

Orthodoxer Friedhof, X. Gránátos utca 12, Budapest
Telefon: (030) 258 39 30
Der orthodoxe Friedhof befindet sich hinter dem Friedhof in der Kozma út.

Jugendorganisationen

B'nai B'rith, Révay utca 16, 1065 Budapest
Telefon: (01) 111 66 66

B'né Akiva, Jósika utca 4, 1077 Budapest
Orthodoxe zionistische Organisation.

Habonim Dror, Jávorka utca 15, 1147 Budapest

Hanoar Hacioni, Révay utca 16, 1065 Budapest
Telefon: (01) 311 52 14

Hasomér Hacair, Damjanich utca 28 b, 1071 Budapest
Telefon: (01) 322 46 65
Web: www.somer.hu

Kidma, Dohány utca 10, 1075 Budapest
Telefon: (030) 933 60 53
E-Mail: info@kidma.hu
Web: www.kidma.hu
Der Verein organisiert kulturelle Veranstaltungen und Diskussionen für junge Menschen und unterhält eine umfangreiche, aber lediglich in ungarischer Sprache gehaltene Website mit Kulturhinweisen, Diskussionsforen und Linkliste.

Maccabi-Sportklub (V. A. C.)
Telefon: (01) 342 69 24
Web: www.maccabi.ini.hu
Die Mitglieder nehmen regelmäßig an den internationalen Makkabi-Spielen teil.

The largest Jewish cemetery in Hungary; the memorial to the 600,000 Hungarian Jews who perished in the Holocaust, inscribed with the names of the victims, is located in this cemetery.

Cultural Institutions

Bálint House, Jewish Cultural Center, Révay utca 16, 1065 Budapest
Phone: (01) 311 92 14
E-Mail: info@jcc.hu
Web: www.jcc.hu
In addition to exhibitions and other cultural events, the Bálint House also offers courses for young and old alike. The website offers information about their comprehensive program of events.

Holocaust Documentation Center and Memorial, Páva utca 39, 1094 Budapest
Phone: (01) 216 65 57
E-Mail: iroda@bphm.org
Web: www.bphm.org
This impressive museum was opened in the spring of 2004. In addition to exhibitions and memorials, the museum is supposed to offer the possibility to do research and receive further training for both scientists and the general public. The museum is housed in a refurbished and extended former synagogue on Páva utca.

Jewish Museum Budapest/Archive of the Jewish Museum, Dohány utca 2, 1075 Budapest
Phone: (01) 342 89 49
E-Mail: bpjewmus@c3.hu
Web: www.c3.hu/~bpjewmus
Permanent exhibition on the Holocaust and the Jewish religion, as well as temporary exhibitions of Jewish artists, including international artists.

Jewish Summer Festival
Web: www.jewishfestival.hu

Vereinigung jüdischer Studenten in Ungarn, Révay utca 16, 1065 Budapest
Telefon: (01) 411 05 72
Fax: (01) 411 05 73
E-Mail: info@ujs.hu
Web: www.ujs.hu
Auf der Website findet man alles zum jüdischen Jugendleben in Ungarn, leider aber nur in ungarischer Sprache.

Kulturelle Einrichtungen

Bálint-Haus, jüdisches Kulturzentrum, Révay utca 16, 1065 Budapest
Telefon: (01) 311 92 14
E-Mail: info@jcc.hu
Web: www.jcc.hu
Das Bálint-Haus bietet neben Ausstellungen und anderen kulturellen Veranstaltungen auch Kurse für Jung und Alt. Über das umfangreiche Programm informiert die Website.

Holocaust-Dokumentationszentrum und -Gedenkstätte, Páva utca 39, 1094 Budapest
Telefon: (01) 216 65 57
Fax: (01) 215 38 88
E-Mail: iroda@bphm.org
Web: www.bphm.org
Das Museum wurde im Frühjahr 2004 eröffnet und soll neben Ausstellungen und Gedenkstätten auch Möglichkeiten zu Forschung und Weiterbildung für Wissenschaftler und interessierte Laien bieten. Es entstand durch die Renovierung und die Erweiterung der ehemaligen Synagoge in der Páva utca.

Jüdisches Museum Budapest/Archiv des Jüdischen Museums, Dohány utca 2, 1075 Budapest
Telefon: (01) 342 89 49
E-Mail: bpjewmus@c3.hu
Web: www.c3.hu/~bpjewmus

This annual, one-week festival of Jewish culture in Budapest is an event not to be missed. Numerous smaller and larger events, such as readings, screenings, and concerts await visitors. The website provides information about the program and schedule.

Láng Téka – Jewish Bookshop, Pozsonyi út 5, 1137 Budapest
Phone and fax: (01) 340 40 23
E-Mail: langteka@matavnet.hu
Well stocked bookshop with a small section of English books: musical scores, journals, and magazines and a very comfortable atmosphere.

Makkabi Publishing House—Book and Gift Shop, Wesselény utca 13, 1077 Budapest
Phone: (01) 267 85 02
Web: www.judaica.hu or www.makkabi.hu
E-Mail: makkabi@mail.tvnet.hu
Opening hours: Mon.–Thurs. 10 a.m.–6 p.m., Fri 10 a.m.–2 p.m.
Publisher's book shop with gift articles and crafts near the Dohány Synagogue. The publishing house was founded in 1989 and is considered the first of its kind in Eastern Europe.

Organizations of the Jewish Community, Israeli and Zionist institutions

Autonomous Orthodox Community of Hungary, Dob utca 35, 1072 Budapest
Phone: (01) 351 05 25, (01) 351 05 24
Fax: (01) 322 72 00

Eastern European Office of the Jewish World Congress, Síp utca 12, 1075 Budapest
Phone: (01) 342 17 16, (01) 322 00 68

Embassy of the State of Israel, Fullánk utca 8, 1026 Budapest
Phone: (01) 200 07 81, (01) 200 07 82

Ständige Ausstellung zum Thema Holocaust und jüdische Religion sowie wechselnde – teilweise internationale – Ausstellungen von jüdischen Künstlern.

Jüdisches Sommerfestival
Web: www.jewishfestival.hu
Dieses jährlich stattfindende, einwöchige Festival zu jüdischer Kultur in Budapest ist zweifellos einen Besuch wert. Zahlreiche kleinere und größere Veranstaltungen – Lesungen, Filmvorführungen oder Konzerte – erwarten die Besucher. Über aktuelle Termine und das Programm informiert die Website.

Láng Téka – jüdische Buchhandlung, Pozsonyi út 5, 1137 Budapest
Telefon und Fax: (01) 340 40 23
E-Mail: langteka@matavnet.hu
Gut sortierte Buchhandlung mit einer kleinen Abteilung englischsprachiger Bücher; Musikalien, Zeitschriften und Magazine in sehr angenehmer Atmosphäre.

Makkabi-Verlag – Buch- und Geschenkhandlung, Wesselény utca 13, 1077 Budapest
Telefon: (01) 267 85 02
Web: www.judaica.hu oder www.makkabi.hu
E-Mail: makkabi@mail.tvnet.hu
Öffnungszeiten: Mo.–Do. 10.00–18.00, Fr. 10.00–14.00 Uhr
Verlagsbuchhandlung mit Geschenkartikeln und Kunsthandwerk in unmittelbarer Nähe der Dohány-Synagoge. Der Verlag wurde 1989 gegründet und galt als Erster seiner Art in Osteuropa.

Organisationen der jüdischen Gemeinden, zionistische und israelische Institutionen

Autonome orthodoxe Gemeinde Ungarns, Dob utca 35, 1072 Budapest
Telefon: (01) 351 05 25, (01) 351 05 24
Fax: (01) 322 72 00

Fax: (01) 200 07 87
E-mail: isremb@alarmix.net

Federation for the Maintenance of Jewish Culture in Hungary (MAZSIKE), Révay utca 16, 1065 Budapest
Phone und Fax: (01) 311 66 66
Web: www.mazsike.hu

Federation of the Jewish Communities of Hungary (MAZSIHISZ), Síp utca 12, 1075 Budapest
Phone: (01) 342 13 31, 322 28 78
Fax: (01) 342 17 90
Rabbinate: (01) 342 11 80
Chevra Kadischa, cemetery maintenance: (01) 322 72 46
Cemeteries outside of Budapest: (01) 322 10 84
Social section: (01) 269 66 95
E-Mail: csillag13@yahoo.com
Web: www.mazsihisz.com

Hungarian Office of JOINT (the Joint Distribution Committee), Síp utca 12, 1075 Budapest
Phone: (01) 269 65 43, (01) 269 66 89
Fax: (01) 269 66 94
Web: www.jdc.hu
JOINT considers its main task the active support of social, cultural, and educational activities of Hungarian Jewry.

Jewish Community Budapest (BZSH), Síp utca 12, 1075 Budapest
Phone: (01) 342 13 35
Fax: (01) 342 17 90

Jewish Heritage of Hungary Public Endowment (MAZSÖK), Tüköry utca 3, 1054 Budapest
Phone: (01) 269 10 68
Fax: (01) 269 15 18
E-Mail: mazsok@hu.inter.net

Botschaft des Staates Israel, Fullánk utca 8, 1026 Budapest
Telefon: (01) 200 07 81, (01) 200 07 82
Fax: (01) 200 07 87
E-mail: isremb@alarmix.net

Büro der JOINT (Hungarian Office of the Joint Distribution Committee),
Síp utca 12, 1075 Budapest
Telefon: (01) 269 65 43, (01) 269 66 89
Fax: (01) 269 66 94
Web: www.jdc.hu
JOINT bietet aktive Unterstützung bei sozialen, kulturellen und erzieherischen Projekten des ungarischen Judentums.

Dachverband der jüdischen Gemeinden in Ungarn (MAZSIHISZ),
Síp utca 12, 1075 Budapest
Telefon: (01) 342 13 31, (01) 322 28 78
Rabbinat: (01) 342 11 80, Chevra Kadischa, Grabmalpflege: (01) 322 72 46,
Friedhöfe außerhalb: (01) 322 10 84, Sozialabteilung: (01) 269 66 95
E-Mail: csillag13@yahoo.com
Web: www.mazsihisz.com

Föderation zur Pflege jüdischer Kultur in Ungarn (MAZSIKE), Révay utca 16,
1065 Budapest
Telefon und Fax: (01) 311 66 66
Web: www.mazsike.hu

Jüdische Gemeinde Budapest (BZSH), Síp utca 12, 1075 Budapest
Telefon: (01) 342 13 35
Fax: (01) 342 17 90

Osteuropabüro des Jüdischen Weltkongresses, Síp utca 12, 1075 Budapest
Telefon: (01) 342 17 16, (01) 322 00 68

Sochnut-Büro, Lendvay utca 17–19, 1062 Budapest
Telefon: (01) 311 64 59, (01) 331 61 60
Die israelische Organisation ist seit dem Jahr 1989 in Ungarn aktiv und in

Web: www.mazsok.hu
The goal of the Public Endowment is to make a contribution from the assets assigned to it—real estate, compensation certificates, paintings, and their proceeds—to the reorganization of the religious, cultural, and educational system of the persons, their offspring, and communities, which due to their Jewish-affiliation were subjected to decrees of discrimination, and the improvement of the social status of the persons concerned.

Sim Shalom, Progressive Jewish Community, Csalogány utca 5,
1027 Budapest
Phone: (01) 214 39 40
E-Mail: salom@vnet.hu
Web: www.szimsalom.hu

Sochnut-Office (Jewish Agency for Israel), Lendvay utca 17–19,
1062 Budapest
Phone: (01) 311 64 59, (01) 331 61 60
Active in Hungary since 1989, this Israeli organization is engaged in educational and cultural work, and in helping those who wish to emigrate to Israel or who wish to study there. It also organizes Hebrew courses.

Union of Jewish Students in Hungary, Mária utca 54, 1085 Budapest
Phone: (01) 411 05 72
E-Mail: info@ujs.hu
Web: www.ujs.hu

Zionist Federation of Hungary, Révay utca 16, 1065 Budapest
Phone: (01) 311 54 12
E-Mail: info@cionista.hu
Web: www.cionista.hu

Journals and Publishers

Egység, Wesselényi utca 4, 1075 Budapest
Phone: (01) 268 01 83

kulturellen und erzieherischen Projekten der jüdischen Gemeinden engagiert. Sie ist die Anlaufstelle für jene Menschen, die nach Israel emigrieren wollen.

Stiftung jüdisches Erbe in Ungarn (MAZSÖK), Tüköry utca 3, 1054 Budapest
Telefon: (01) 269 10 68
Fax: (01) 269 15 18
E-Mail: mazsok@hu.inter.net
Web: www.mazsok.hu
Die Zielsetzung dieser Stiftung ist es, all jenen Personen, die in der Zeit der faschistischen Diktatur aufgrund ihrer jüdischen Abstammung unter Diskriminierung und Verfolgung zu leiden hatten, sowie deren Nachkommen bei der Entfaltung ihrer jüdischen Identität und bei der Entwicklung von kulturellen, religiösen und Bildungsnetzwerken eine Hilfestellung zu bieten.

Szim Shalom, Verein der progressiven Gemeinde, Csalogány utca 5, 1027 Budapest
Telefon: (01) 214 39 40
Fax: (01) 201 76 48
E-Mail: salom@vnet.hu
Web: www.szimsalom.hu

Vereinigung jüdischer Studenten in Ungarn, Mária utca 54, 1085 Budapest
Telefon: (01) 411 05 72
Fax: (01) 411 05 73
E-Mail: info@ujs.hu
Web: www.ujs.hu

Zionistische Föderation in Ungarn, Révay utca 16, 1065 Budapest
Telefon: (01) 311 54 12
E-Mail: info@cionista.hu
Web: www.cionista.hu

Erec, Damjanich utca 28 b, 1072 Budapest
Phone: (01) 322 82 01
Fax: (01) 341 43 59
Web: www.erec.hu
Monthly magazine of the Zionist Foundation, in cooperation with the Jewish Agency for Israel.

Múlt és Jövö (Past and Future Publishing House), Keleti Károly utca 27, 1024 Budapest
Phone: (01) 438 38 06
E-Mail: levelezes@multesjovo.hu
Web: www.multesjovo.hu
The publishing house publishes a detailed journal concerned with the past and present of Judaism and Jewish culture; it is bilingual (Hungarian and English) with contributions from renowned scientists and literary scholars. The books (primarily literature, history, sociology) can also be called up on the homepage.

Szombat (Sabbath), Révay utca 16, 1065 Budapest
Phone: (01) 111 66 65
Fax: (01) 111 66 66
Web: www.szombat.org
The journal of the Jewish cultural organization MAZSIKE concentrates on art and cultural themes.

Új Élet (New Life), Síp utca 12, 1075 Budapest
Phone: (01) 322 28 29
Web: www.interdnet.hu/Zsido/ujelet.htm
Official magazine of the Jewish Community in Hungary, reports on everyday Jewish life in the country and events within the community.

Restaurants and Groceries

Café Fröhlich (kosher), Dob utca 22, 1074 Budapest
Phone: (01) 267 35 67

Restaurants und Lebensmittel

Café Fröhlich (koscher), Dob utca 22, 1074 Budapest
Telefon: (01) 267 35 67

Café Noé, Wesselényi utca 13, 1075 Budapest
Telefon: (01) 344 42 08
Web: www.torta.hu/cafenoe.htm
Große Auswahl an Kuchen und Torten für Diabetiker.

Carmel Pince (Carmel-Keller), Dob utca 31, 1072 Budapest
Telefon: (01) 322 18 34
Fax: (01) 342 45 85
Web: www.carmel.hu
Öffnungszeiten: täglich 12.00–23.00 Uhr
Nicht koscheres Restaurant in angenehmer Atmosphäre, mit zahlreichen traditionellen jüdischen und ungarischen Speisen und großer Weinkarte, die auch koschere Weine anbietet.

Falafel faloda salátabár, Paulay Ede utca 53, 1061 Budapest
Falafel Joffi, Desewffy utca, 1066 Budapest
Telefon: (01) 267 95 67
Öffnungszeiten: Mo.–Fr. 10.00–20.00, Sa. 10.00–18.00 Uhr
Beliebte israelische Schnellrestaurants mit typischen orientalisch-israelischen Speisen, Falafel, Humus und Tehina.

Hanna Étterem (Hanna-Restaurant), Dob utca 35, 1072 Budapest
Telefon: (01) 342 10 72
Fax: (01) 322 72 00
Öffnungszeiten: täglich 8.00–15.30 Uhr, freitags, samstags und feiertags auch abends, Tischbestellungen täglich 8.00–12.00 Uhr
Bei Gruppenvorbestellungen (mindestens 20 Personen) wird auch an Wochentagsabenden geöffnet. Das Essen ist glatt koscher und schmeckt fast so gut wie zu Hause.

Café Noé, Wesselényi utca 13, 1075 Budapest
Phone: (01) 344 42 08
Web: www.torta.hu/cafenoe.htm
Large selection of cakes and tortes for diabetics.

Carmel Pince (Carmel Cellar), Dob utca 31, 1072 Budapest
Phone: (01) 322 18 34
Fax: (01) 342 45 85
Web: www.carmel.hu
Opening hours: noon–11 p.m.
Non-kosher restaurant. Comfortable atmosphere, with traditional Jewish and Hungarian dishes and an extensive wine menu, including kosher wines.

Falafel faloda salátabár, Paulay Ede utca 53, 1061 Budapest
Falafel Joffi, Desewffy utca, 1066 Budapest
Phone: (01) 267 95 67
Opening hours: Mon.–Fri. 10 a.m.–8 p.m., Sat. 10 a.m.–6 p.m.
Favorite Israeli fast food restaurant with typical oriental-Israeli dishes; falafel, humus, and tahini.

Hanna Étterem (Hanna Restaurant), Dob utca 35, 1072 Budapest
Phone: (01) 342 10 72
Fax: (01) 322 72 00
Opening hours: daily 8 a.m.–3:30 p.m., Fridays, Saturdays, and holidays also in the evening. Reservations daily from 8 a.m.–noon
Reservations for groups of at least 20 persons also possible on weekday evenings. The food is glatt kosher and tastes almost as good as homemade!

King's Hotel és Étterem (King's Hotel and Restaurant), Nagydiófa utca 25–27, 1072 Budapest
Phone: (01) 352 76 75
E-Mail: kosherhotel@kosherhotel.hu
Web: www.kosherhotel.hu
An elegant nineteenth-century building, directly in the city center, close to the main Jewish institutions and with an adjoining Kosher restaurant. Excursions to Jewish sites in Hungary are offered upon request.

King's Hotel és Étterem (King's Hotel und Restaurant), Nagydiófa utca 25–27, 1072 Budapest
Telefon: (01) 352 76 75
E-Mail: kosherhotel@kosherhotel.hu
Web: www.kosherhotel.hu
Ein wunderschönes Gebäude aus dem 19. Jahrhundert, direkt im Stadtzentrum gelegen, in unmittelbarer Nähe zu den zentralen jüdischen Institutionen und mit angeschlossenem koscherem Restaurant.
Ausflüge zu jüdischen Sehenswürdigkeiten in Ungarn werden nach Anfrage angeboten.

Restaurant Kinor David (koscher), Dohány utca 10, 1077 Budapest
Telefon: (01) 413 73 04
E-Mail: kinordavid@hotmail.com
Web: www.zsido.com/kinor

Kóser borpince (koscherer Weinkeller), Klauzál tér 16, 1072 Budapest
Telefon: (01) 322 68 98
Öffnungszeiten: Mo.–Do. 14.30–17.00, Fr. 11.30–14.30 Uhr
Orthodox koschere Weine.

Orthodox baromfi és kenyérbolt (orthodoxes Geflügel- und Backwarengeschäft), Kazinczy utca 28, 1075 Budapest
Telefon: (01) 142 02 31
Öffnungszeiten: Mo., Mi., Fr. 7.00–12.00 Uhr
Koscheres Geflügel kann auch vorbestellt werden.

Rothschild Kóser Élelmiszerek Boltja (Rothschilds koscherer Supermarkt)
Die Rothschild-Lebensmittelkette betreibt in Budapest mehrere Filialen, die alle über mehr oder weniger große koschere Lebensmittelabteilungen mit einem Sortiment aus zumeist israelischen und französischen Produkten verfügen.
Filiale im Stadtzentrum: Rákóczi út 32, 1072 Budapest
Telefon: (01) 322 92 76
Öffnungszeiten: Mo.–Do. 10.00–18.00, Fr. 10.00–14.00 Uhr

Kóser borpince (kosher wine cellar), Klauzál tér 16, 1072 Budapest
Phone: (01) 322 68 98
Opening hours: Mon.–Thur. 2:30 p.m.–5 p.m., Fri. 11:30 a.m.–2:30 p.m.
Orthodox kosher wines.

Orthodox baromfi és kenyérbolt (orthodox poultry and bakery), Kazinczy utca 28, 1075 Budapest
Phone: (01) 142 02 31
Opening hours: Mon., Wed., Fri. 7 a.m.–noon
Kosher poultry can also be ordered in advance.

Restaurant Kinor David (kosher), Dohány utca 10, 1077 Budapest
Phone: (01) 413 73 04
E-Mail: kinordavid@hotmail.com
Web: www.zsido.com/kinor

Rothschild Kóser Élelmiszerek Boltja (Rothschild's Kosher Supermarket)
The Rothschild food stores have several markets in Budapest, which all have a more or less extensive kosher food section with mainly Israeli and French products.
Market in the city center: Rákóczi út 32, 1072 Budapest
Phone: (01) 322 92 76
Opening hours: Mon.–Thur. 10 a.m.–6 p.m., Fri. 10 a.m.–2 p.m.

Schools

American Foundation School (of the Orthodox Community), Wesselényi utca 44, 1077 Budapest
Phone: (01) 322 28 43, (01) 322 24 27
E-Mail: aai@aai-bp.sulinet.hu
Web: www.aai-bp.sulinet.hu

Chabad Lubavits Open University for Judaic Studies in Hungary, Wesselényi utca 4, 1075 Budapest
Phone: (01) 268 01 83

Schulen

Amerikanische Stiftungsschule (der orthodoxen Gemeinde), Wesselényi utca 44, 1077 Budapest
Telefon: (01) 322 28 43, (01) 322 24 27
E-Mail: aai@aai-bp.sulinet.hu
Web: www.aai-bp.sulinet.hu

Chabad-Lubavits-Bildungszentrum, Wesselényi utca 4, 1075 Budapest
Telefon: (01) 268 01 83
E-Mail: info@zsido.com
Web: www.zsido.com

Kolleg der jüdischen Gemeinde Budapest, Révay utca 16, 1065 Budapest
Telefon: (01) 311 92 14

Lauder-Javne-Bildungszentrum (Kindergarten, Grundschule, Gymnasium, Musikschule), Budakeszi út 46–48, 1121 Budapest
Telefon: (01) 275 22 40
E-Mail: javne@lauder.hu
Web: www.lauder.hu

Sándor-Scheiber-Grundschule und -Gymnasium, Laky Adolf utca 38–40, 1145 Budapest
Telefon: (01) 221 42 19
E-Mail: scheiber@scheiber.sulinet.hu
Web: www.scheiber.sulinet.hu

Universität für jüdische Studien, jüdisches theologisches Seminar, Bérkocsis utca 2, 1084 Budapest
Telefon: (01) 318 70 49, (01) 267 54 15 (Bibliothek)
Web: www.or-zse.hu

E-Mail: info@zsido.com
Web: www.zsido.com

Lauder Javne School (Kindergarten, Elementary School, High School), Budakeszi út 46–48, 1121 Budapest
Phone: (01) 275 22 40
E-Mail: javne@lauder.hu
Web: www.lauder.hu

Sándor Scheiber Elementary and High School , Laky Adolf utca 38–40, 1145 Budapest
Phone: (01) 221 42 19
E-Mail: scheiber@scheiber.sulinet.hu
Web: www.scheiber.sulinet.hu

Theological College of the Jewish Community, Révay utca 16, 1065 Budapest
Phone: (01) 311 92 14

University for Jewish Studies, Jewish Theological Seminary, Bérkocsis utca 2, 1084 Budapest
Phone: (01) 318 70 49, (01) 267 54 15 (library)
Web: www.or-zse.hu

Synagogues

Central Synagogue (Liberal Jewish Community), Dohány utca 2, 1074 Budapest
Phone: (01) 342 23 53

Synagogue in Buda, Frankel Leó utca 49, 1024 Budapest
Phone: (01) 326 14 45

Orthodox Synagogue, Kazinczy utca 27/Dob utca 35, 1072 Budapest
Phone: (01) 351 05 25

Synagogen

Zentralsynagoge, Dohány utca 2, 1074 Budapest
Telefon: (01) 342 23 53

Synagoge des Bezirks Buda, Frankel Leó utca 49, 1024 Budapest
Telefon: (01) 326 14 45

Orthodoxe Synagoge, Kazinczy utca 27/Dob utca 35, 1072 Budapest
Telefon: (01) 351 05 25

Synagoge des Bezirks Újpest, Berzeviczy utca 8, 1042 Budapest
Telefon: (01) 369 08 29

Chabad Lubavits, Shas Chevra, Vasvári Pál utca 5, 1061 Budapest
Telefon: (01) 342 13 28

Hunyadi tér 3, 1067 Budapest
Telefon: (01) 342 53 22

Orthodoxe Synagoge, Dessewffy utca 23, 1066 Budapest

Bethlen tér (Eingang István utca 17), 1066 Budapest
Telefon: (01) 342 61 70

Synagoge des Bezirks Józsefváros, Nagyfuvaros utca 4, 1084 Budapest
Telefon: (01) 334 27 31
Web: www.nagyfuvaros.hu

„Sephardische“ Synagoge, Teleki tér 22, 1086 Budapest

Synagoge des Bezirks Lágymányos, Károli Gáspár tér 5, 1114 Budapest
Telefon: (01) 361 19 65

Synagoge des Bezirks Új-Lipótváros, Hegedüs Gyula utca 3, 1136 Budapest
Telefon: (01) 340 50 85

Synagogue in Újpest, Berzeviczy utca 8, 1042 Budapest
Phone: (01) 369 08 29

Chabad Lubavits, Shas Chevra, Vasvári Pál utca 5, 1061 Budapest
Phone: (01) 342 13 28

Hunyadi tér 3, 1067 Budapest
Phone: (01) 342 53 22

Orthodox Synagogue, Dessewffy utca 23, 1066 Budapest

Bethlen tér (entrance: István utca 17), 1066 Budapest
Phone: (01) 342 61 70

Synagogue in Józsefváros, Nagyfuvaros utca 4, 1084 Budapest
Phone: (01) 334 27 31
Web: www.nagyfuvaros.hu

"Sephardic" Synagogue, Teleki tér 22, 1086 Budapest

Synagogue in Lágymányos, Károli Gáspár tér 5, 1114 Budapest
Phone: (01) 361 19 65

Synagogue in Új-Lipótváros, Hegedüs Gyula utca 3, 1136 Budapest
Phone: (01) 340 50 85

Dózsa György út 55, 1134 Budapest
Phone: (020) 366 87 37

Pest Schul, Visegrádi utca 3, 1132 Budapest
E-Mail: info@pestisul.hu
Web: www.pestisul.hu

Beth Aharon, Thököly út 83, 1146 Budapest
Phone: (01) 251 39 70

Dózsa György út 55, 1134 Budapest
Telefon: (020) 366 87 37

Pest Schul, Visegrádi utca 3, 1132 Budapest
E-Mail: info@pestisul.hu
Web: www.pestisul.hu

Beth Aharon, Thököly út 83, 1146 Budapest
Telefon: (01) 251 39 70

Honvéd utca 27, 1185 Budapest
Telefon: (01) 291 46 69, (030) 297 10 96

Téglagyár tér 9 (Eingang Zamárdi utca 7), 1203 Budapest
Telefon: (01) 284 64 31
E-Mail: jjnedda@ax.hu

Zeitschriften und Verlage

Egység, Wesselényi utca 4, 1075 Budapest
Telefon: (01) 268 01 83

Erec, Damjanich utca 28 b, 1072 Budapest
Telefon: (01) 322 82 01
Fax: (01) 341 43 59
Web: www.erec.hu
Monatsmagazin der Zionistischen Föderation in Zusammenarbeit mit der Jewish Agency for Israel.

Múlt és Jövö (Vergangenheit und Zukunft), Keleti Károly utca 27, 1024 Budapest
Telefon: (01) 438 38 06
Fax: (01) 316 70 19
E-Mail: levelezes@multesjovo.hu
Web: www.multesjovo.hu

Honvéd utca 27, 1185 Budapest
Phone: (01) 291 46 69, (030) 297 10 96

Téglagyár tér 9 (entrance: Zamárdi utca 7), 1203 Budapest
Phone: (01) 284 64 31
E-Mail: jjnedda@ax.hu

Youth organizations

B'nai B'rith, Révay utca 16, 1065 Budapest
Phone: (01) 111 66 66

B'né Akiva, Jósika utca 4, 1077 Budapest

Habonim Dror, Jávorka utca 15, 1147 Budapest

Hanoar Hacioni, Révay utca 16, 1065 Budapest
Phone: (01) 311 52 14

Hasomér Hacair, Damjanich utca 28 b, 1071 Budapest
Phone: (01) 322 46 65
Web: www.somer.hu

Kidma, Dohány utca 10, 1075 Budapest
Phone: (030) 933 60 53
E-Mail: info@kidma.hu
Web: www.kidma.hu
The club organizes cultural events and discussions for young people and maintains an interesting and detailed website with cultural tips, discussion forums, and an extensive list of links. The site is in Hungarian.

Maccabi Sport Club (V. A. C.)
Phone: (01) 342 69 24
Web: www.maccabi.ini.hu
Club members regularly participate in the international Maccabi Games.

Der Verlag gibt eine aufwändige Zeitschrift heraus, die sich mit Geschichte und Gegenwart des Judentums und der jüdischen Kultur beschäftigt; sie erscheint zweisprachig mit Beiträgen namhafter Wissenschaftler und Literaten. Die Bücher (vorwiegend Literatur, Geschichte, Soziologie) sind auch über die Homepage zu beziehen.

Szombat (Sabbat), Révay utca 16, 1065 Budapest
Telefon: (01) 111 66 65
Fax: (01) 111 66 66
Web: www.szombat.org
Die Zeitschrift des jüdischen Kulturvereins MAZSIKE konzentriert sich auf Kunst- und Kulturthemen.

Új Élet (Neues Leben), Síp utca 12, 1075 Budapest
Telefon: (01) 322 28 29
Web: www.interdnet.hu/Zsido/ujelet.htm
Offizielles Magazin der jüdischen Gemeinden in Ungarn, berichtet über den jüdischen Alltag im Land und über Ereignisse der Gemeinden.

Union of Jewish Students in Hungary, Révay utca 16, 1065 Budapest
Phone: (01) 411 05 72
Fax: (01) 411 05 73
E-Mail: info@ujs.hu
Web: www.ujs.hu
It is possible to find out all about the lives of Jewish youth in Hungary on the website, however, only in Hungarian.

Personenregister
Index of Names

Die eckigen Klammern verweisen auf den englischen Teil des Buches.
[The square brackets refer to the English section of the book.]

Adler, Illes 151 [153]
Annan, Kofi 169 [168]
Bacher, Vilmos 123, 145 [123, 145]
Baumhorn, Lipót 141, 142, 161, 171 [139, 140, 161, 162, 171, 172]
[Béla IV, King 21, 186, 187, 189]
Béla IV., König 20, 186, 187, 189
Benoschofsky, Imre 198 [199]
Blau, Lajos 133 [133]
Bloch, Mozes 145 [145]
Born, Friedrich 65 [69, 70]
Brody, Sándor 151 [153]
Bródy, Zsigmond 174 [174]
Buday-Goldberger, Leo 115, 205 [115, 204, 205]
Buday-Goldberger siehe [see] Goldberger, Familie [family]
Chagall, Marc 99 [100]
Dalos, György 8
Dreyfus, Alfred 76 [80]
Eichmann, Adolf 16, 36, 132 [17, 37, 132]
Einhorn, Ignác 104 [105]
Engel, József 126, 127 [126, 127]
Ernst, Lajos 117, 118 [118, 119]
Esterházy, Familie [family] 28, 86 [29, 90]
Faragó, Ferenc 63, 93 [72, 99]
Fellner, Sándor 107, 207 [107, 206]
Ferenczy, Sándor 198 [199]
Feszl, Frigyes 49, 51 [51]
Förster, Ludwig 44, 48, 49 [44, 48, 51]
Frank, Anne 180 [181]
[Franz Joseph I, Emperor 31, 130, 204]
Franz Joseph I., Kaiser 30, 130, 204, 205
Freudiger, Familie [family] 198 [198]
Freund, Dezsö 137 [137]
Freund, József 130 [130]
Freund, Vilmos 148, 150, 174 [148, 150, 174]
Frommer, Rudolf 198 [199]
Germanus, Gyula 123 [124]
Geyer, Artúr 198 [199]
Goldberg, Rafael 198 [199]
Goldberger, Familie [family] 145, 204 [145, 204]
Goldberger, Ferenc 205 [204]
Goldberger, Fülöp 205 [204]
Goldberger, Leo siehe [see] Buday-Goldberger, Leo
Goldberger, Sámuel 113, 114, 115, 204, 205 [114, 115, 203, 204]
Goldmark, Károly 85, 92 [92, 93]
Goldziher, Ignác 105, 106, 123, 126 [105, 106, 124, 126]
Goldziher, Karoly 106 [106]
Grosz, Emil 174 [174]
Gulácsy, Lajos 118 [119]
[Gustav V, King 168]
Gustav V., König 169
Hamburger, István 193 [193]

Hatvany-Deutsch, Familie [family] 145 [145]
Haynal, Imre 174 [174]
Hegedüs, Ármin 179 [179]
Henuk 20 [21]
Hermann, Lipót 151[153]
Herzl, Theodor 18, 72, 76, 77, 78, 93, 100 [19, 73, 80, 81, 83, 93, 100]
Horn, Ede siehe [see] Einhorn, Ignác
Horthy, Miklós 34, 36, 164 [35, 166]
[Joseph II, Emperor 27, 29, 200]
Joseph II., Kaiser 28, 200
Kádár, Janos 18 [17]
Károlyi, István 155 [155]
Kaufmann, David 123, 125, 145 [123, 124, 125, 145]
Kayserling, Mayer 145 [145]
Kiss, Arnold 198 [199]
Kiss, Jozsef 145 [145]
Kohn, Samuel 106, 151 [106, 153]
Korányi, Béla 174 [174]
Kornfeld, Familie [family] 153 [153]
Kozma, Lajos 119 [121]
Kraszner, Menyhért 116 [116]
Krúdy, Gyula 103, 104 [103, 104]
Kun, Béla 34 [35]
[Lajos I, King 23]
Lajos I., König 22
[Lajos II, King 25, 191]
Lajos II., König 24, 190
Lajta, Béla 176, 177, 179 [176, 177, 178, 179]
Lánczos, Kornél 198 [199]
Landherr, András 201 [201]
Langfelder, Vilmos 171 [172]
Lechner, Ödön 117 [118]
[Leopold II, Emperor 160]
Leopold II., Kaiser 160
Löbl 10 [11]
Löffler, Béla 61 [62]
Löffler, Sándor 61 [62]
Löwy, Izsák 155 [155]
Lutz, Carl 64, 65, 74, 120, 121, 162 [68, 69, 70, 84, 120, 121, 167, 168]
Manes, Jozsef Österreicher 206 [205, 206]
[Mátyás, King 23, 25, 189]
Mátyás, König 22, 24, 189
Meisel, W. A. 51 [54]
Mendel, Familie [family] 24, 186, 189 [25, 189, 192]
Mendel, Juda 24 [25]
Modigliani, Amadeo 99 [100]
Molnár, Béla 174 [174]
Münz, Moses 202, 209 [201, 209]
Nordau, Max 78, 82 [81, 82]
Novák, Ede 193 [193]
Oppenheim, Simon 151 [153]
Orczy, Familie [family] 30 [29]
Orczy, Janos 86 [90]
Ortulay, Gyula 181 [182]
Pekáry, József 102 [102]
Perlasca, Giorgio 65, 66 [70, 71]
[Prince Eugene 27]
Prinz Eugen 26
Radnóti, Miklos 180, 181 [181, 182]
Rákosi, Mátyás 8 [8]
Rav Pesach ben Rav Peter 186 [186]
Rebe von Belz 134 [136]
Reich, Jakob Koppel 197 [198]

Rippl-Rónai, József 116, 117 [116, 118]
Roth, Zsigmond 85 [93]
Rotta, Angelo 65, 67 [69, 71]
Sanz Briz, Angel 66 [70]
Scheiber, Sándor 124, 151 [126, 153]
Schmidl, Familie [family] 153 [153]
Schönthal, Richard 146, 147 [146, 147]
Schweitzer, József 133 [132]
Shlomo Shneor siehe [see] Szerencés Fortunatus, Imre
Sofer, Chaim Dovid 197 [198]
Sofer, Moses 198 [198]
Stalin, Josef 10 [11]
Südfeld, Gabriel 78 [81]
Südfeld, Simon Maximilian siehe [see] Nordau, Max
Szabó, Tamás 74 [84]
Szálasi, Ferenc 164, 165 [162, 166]
Széchenyi, István 124, 127 [126, 127]
Szenes, Hannah 72 [73]
Szep, Ernö 151 [153]
Szerencés Fortunatus, Imre 190 [191]
Sziklai, Zsigmond 113 [114]
Szinyei-Merse, Pál 116 [116]
Sztehlo, Gábor 66 [71]
Taussig 10 [11]
Tauszig, Béla 85 [93]
Telcs, Ede 177 [178]
della Torre, Lelio 132 [132]
Vágo, Lászlo 93, 198 [99, 199]
Valero, Gebrüder [brothers] 104 [105]
Vámbéry, Ármin 123 [123]
Varga, Imre 73 [74]
Vas, István 8 [8]
Vazsonyi, Vilmos 143 [143]
Venetianer, Lajos 154, 157 [154, 157]
Wagner, Otto 54, 55, 56 [55, 56]
Wahrmann, Israel ben Salomon 86, 112, 113 [90, 112, 113]
Wahrmann, Mayer Wolf 112 [112]
Wahrmann, Mór 74, 112, 113 [84, 112, 113]
Wallenberg, Raoul 16, 38, 65, 66, 67, 162, 163, 165, 168, 169, 170, 171 [17, 39, 69, 70, 71, 167, 168, 169, 170, 171]
Wechselmann, Ignác 176 [176]
Weiss, Arthur 119, 120, 122 [120, 121, 122, 123]
Weiss, Gyula 119 [121]
Weiss, Manfréd 145, 174 [145, 174]
Wilhelmine, Königin [Queen] 8
Zichy, Familie [family] 28, 86, 200 [29, 90, 200]

Bildnachweis
Picture Credits

Fővárosi Szabó Ervin Könyvtár, Budapest Gyüjtemény: S 50, S 55, S 87, S 89, S 98, S 100, S 131, S 135, S 136, S 144, S 200, S 202

Jüdisches Museum der Stadt Wien: S 56

Magyar Nemzeti Múzeum, LTM | MTK: S 67, S 69, S 96, S 97, S 103, S 113, S 120, S 138, S 204, S 203

Daniel Káldori: S 49, S 52, S 53, S 61, S 75, S 110, S 141, S 148, S 149, S 151, S 152, S 169, S 205

Aliona Frankl: S 188, S 196

Mandelbaum Verlag, Archiv: S 77, S 82

»Mein Wien ist ein nachblutender Witz. Es gibt keine witzigere Stadt als Wien, nicht einmal Tel-Aviv.«
ROBERT SCHINDEL

Ein Witz, den Sie mit diesem Buch in all seiner Ernsthaftigkeit erspüren können.
Entdecken Sie die Geschichte und erleben Sie die Gegenwart eines anderen Wien, das so anders gar nicht ist.

Mit einem Vorwort von Robert Schindel und einer historischen Übersicht von Klaus Lohrmann.
284 Seiten mit Serviceteil und Plänen, zahlreiche Abbildungen
deutsch/english
Euro 17,80
ISBN 3-85476-098-1
bereits erschienen

»Dieses Mütterchen hat Krallen« mahnte Franz Kafka seinen Freund Oskar Pollak 1902. Prag lässt einen nicht mehr los.

Dieses krakenhafte Mütterchen, dieses goldene Prag, ist eine Stadt, die ihren Reiz aus der Gleichzeitigkeit von Vergangenheit und Gegenwart, von Phantasie und Wirklichkeit schöpft. Lesen Sie über die Legenden, spazieren Sie durch die jüdische Altstadt und entdecken Sie eine versunkene Welt.

250 Seiten mit Serviceteil und Plänen, zahlreiche Abbildungen
deutsch/english
Euro 17,80
ISBN 3-85476-139-2
erscheint Herbst 2004

BUDAPEST

Szentendre
Csillaghegy
Rómaifürdő
Aquincum
Esztergom
Solymár vá.
Budapest-Üröm vá.
Óbuda vá.
Aquincum felső v.m.
Kaszásdülő
Filatorigát
Árpád híd
Tímár u.
Szépvölgyi út.
Margit híd
Batthyány tér
Moszkva tér
Déli pu.
Újpest-Központ
Újpest-Városkapu
Újpest v.m.
Gyöngyösi u.
Forgách u.
Árpád híd
Dózsa György út.
Lehel tér
Nyugati pu.
Kossuth Lajos tér
Arany János u.
Oktogon
Opera
Bajcsy-Zsilinsz
Vörösmarty tér
Deák F. tér
Ferenciek tere
Astoria
Blaha Lujza tér
Kálvin tér
Ferenc körút
Klinikák
Nagyvárad tér
Népliget
Duna
Boráros tér
Közvágóhíd
Soroksári út vá.
Beöthy utca
Kén utca
Kelenföldi pu.
Budaörs vá.
Győr, Wien
Szabadkikötő
Szent Imre tér
Karácsony Sándor u.
Csepel
Budafok-Albertfalva vá.
Budafok-Belváros v.m.
Budafok-Háros vá.
Timót
Toront
Soroksár felső
Soroksár, Hősök tere
Szent István utca
Millenniumtelep
Érdliget v.m.
Nagytétény-Diósd vá.
Budatétény v.m.
Pécs
Balaton, Nagytétény vá.
Ráckeve
M1
M3
HÉV
U-Bahnen
Vorortbahn
Eisenbahn